JN133413

自分のまわりに
いいことが起こりだす!

心の掃除力

Terumi Muraki
ムラキテルミ

はじめに

私がこの本を書いたのは、大病後回復期で、人生の立て直しにもがいていたときでした。苦しくて、自分に宛てたメッセージでした。

それから八年たちましたが、父が他界し、自他共に認めるファザコンの私は、人生に大打撃を受けました。絶対的な擁護者という存在を失ってしまい、毎日、心細い思いをしています。引越しも、八回繰り返すこととなり、モノが沢山あっても、真の豊かさは手に入らないことを、身をもって学びました。

引越しに伴って、父、母、叔父、叔母、会社、そして自分のモノを、三十トン近く処分しています。それなのに、まだまだモノに囲まれています。どの引越しも、私が担当となり、もったいないなぁ〜と思いながらも、抱えきれないモノを処分し続ける、というアンバランスな体験を重ねました。

今は、熱海から京都に移り、先月も京都市内で引越しを終えたばかりです。

いつになったら落ち着くのでしょう？　相当なモノを手放して、コンパクトな生活になったつもりでも、新居が落ち着くのに、一カ月を要しました。身辺の整理も心のお掃除もまだまだだなぁ～というのが、正直な感想です。

読み返してみて、書いていることは、さすがに日常となっていますし、毎朝毎晩の「お祈り」も習慣となりました。お祈りは、神様とのチューニングと知り、ごく自然に身につきました。その先に、少し進めている感覚もあります。

せっせと、身辺の整理整頓をしていたことが、実は、自分と、自分を取り巻く空間の波動を上げる行為であることが、今は、わかります。空間・空＝宇宙波動に近づくべく努力をしていたのです。

人生の目的は、肉体を含むパーソナリティーと魂を、同調させること！　という気づきのレベルにまで、やっと辿りつきました。私たちの魂は、宇宙の根源とつながっています。私の体験の全てが、宇宙波動に至る進化への旅の途上でした。

「波動」についても、改めて、追求し続けています。

私たちも、「波動」の差で、パーソナリティーが造られています。

体に起こる不調も、波動差でした。私の肝臓ガンも、存在し得る低波動が原因です。自分に起こることも、波動差です。細かな美しい波動を求めつつも、なんで？という出来事が続くのです。善悪も、光も闇も、セットとなっています。良きことだけを求めると、必ず、悪がくっついてきてしまうのです。この領域を超えた光の世界が存在することを知りました。

いかにして、この光の世界と常にアクセスし続けることができるのか？が、今現在の私のテーマです。ここまでに至る過程を、追記いたしました。

私たちは、どうやら、自分で自分の人生をややこしく難しくしているようです。もっとシンプルに、生きることができるのです。

真実とは、光に向かっているか否か、だけでした。太陽に向かうお花のように、シンプルに生きたい！と願っています。

ムラキテルミ

目次

第1章　お掃除をすると「自由」が手に入る！

第2章 心の中をお掃除すると、人生がもっと片付く！

第3章 「エゴ」を片付けるレッスン

第4章
「不足感」を増やさないレッスン

第5章 「執着心」を手放すレッスン

第6章

「過去」と「未来」を捨てるレッスン

第7章

心の「スペース」を広げるレッスン

第8章 心がキレイに片付くと、運が開ける！

第1章

お掃除をすると「自由」が手に入る！

いつの間にか、自宅がパワースポットに

ある日、韓国のお友だちが、友人である失語症の韓国人アーティストの方を連れて、当時熱海にあった私の家にいらっしゃったときのことです。

その方は東京のホテルに宿を取っていたのですが、帰る段になって突然、「私はホテルへは行かない。この部屋に泊まる！」と意思表示をされました。何しろ初対面でしたから、「私のことをそんなに気に入ってくださったの？」と思ったら、「この部屋はホテルよりもエネルギーがあるから」と言うのです。

また別の日には、私の家を訪れたスピリチュアル・カウンセラーの方も、部屋に入るなり、「あなたのヒーリングが成功したのは、この部屋のエネルギーの力ね」とおっしゃいました。

どうやら、いつの間にか自宅がパワースポットになっていたようです。

だからこの部屋で、余命三カ月と言われたガンも治ったのでしょうか？

私はこれまで、望むと望まざるとにかかわらず、何度も新しい環境へ踏み出す転機を体験してきました。

ざっと人生をおさらいしただけでも、大学中退が二回、婚約破談が四回、結婚が二回、離婚が二回、大骨折が一回、そして極めつけはガンで余命宣告です。

仕事も、デザイナーから商社勤務、主婦、マクロビオティック料理家、通販番組のバイヤー、そして今は著述業と、さまざまに変化しています。

特に闘病を機に、長い間住んでいた東京の家とオフィスを引き払って、リタイヤした両親の住む熱海へ移るという大きな変化があったのです。

相模湾を一望できる小さなマンションの一室が、自宅であり、病室であり、温泉の湯治場であり、オフィスであり、何より自分自身を見つめ直す空間でした。

確かに、引っ越して以来、東京暮らしで増えすぎた荷物を次々と処分し、毎日せっせとお掃除をして、心地よい空間にするための努力を惜しまなかったことは事実です。

でも、それだけでエネルギーが高くなって、病気まで治るものかしら？

リーディングの第一人者であるエドガー・ケーシーの言葉に、「あなたの家庭、あなたの住む所を、天使もそこを訪ね、そこの客にならんと欲するような場所とせよ」というものがあります。この言葉は、私が「お掃除好き」に目覚めるきっかけとなりました。

天使が訪れたくなるようなお部屋は美しく快適だと思いますが、天使のためにお掃除をするのではなくて、自分自身が快適に過ごせるように整えるというわけです。

そして、お掃除というのは目に見える場所だけでなく、実は心の中も同じように整えることが大切でした。住む人の心が散らかっていると、どんなに片付いた部屋でも、心地よいと感じることができません。

そこで、人生を何度も片付けなくてはならなかった私が、身をもって実践した心のお掃除方法をお伝えしたいと思いました。ちょっとした発想の転換をすれば、それまで片付かなかった心の問題もすっかり消えて、もう二度と散らからなくなるのです！

少なくとも、私自身はこの方法で、人生がとっても楽ちんになって、心のみならず体調も回復しました。言わば「心のお掃除レッスン」です。

人生をリセットする引っ越し大作戦

私が熱海に部屋を持ったのは、二〇〇七年に「歩けなくなるかもしれない」とまで言われた足の大骨折をしたことが最初のきっかけでした。温泉を引いた熱海のマンションならば、週末ごとに足のリハビリに通えると思ったのです。そうしたらその二年後に、ガンで余命三カ月と言われ、本格的に闘病を決意してからは、この部屋が生活の全てになりました。

ところが、東京のオフィスと自宅を引き払って荷物を運び込んでみたら、一人暮らしには十分だと思っていた部屋の中には段ボールがいくつも積み上がり、まるで迷路のように立ちふさがって、物に占領されてしまったのです。

まず家具を処分しないと、動きが取れない！

そう思った私は、お気に入りのテーブルや椅子などを、友人やいとこに託して、いくつもお嫁に出しました。いとこの家には昔ながらの蔵があったので、それをいいことにあれもこれも送っていたら、配送会社の人が「これ、引っ越し荷物ですよね？」と確認したほどです。

さらに、同じマンションの一階に両親が住んでいたので、使えそうな物を選んで、持って行ってもらいました。

通販番組のバイヤー時代に買いこんでいた洋服やバッグなどは、ブランド・リサイクルショップのオーナーである友人に協力を求め、本は図書館に寄贈して、まだ使える物は救世軍に送りました。

そして最後は、廃品回収業者の方にお願いしたのですが、それでも小型トラック一台分の荷物があったのです！

荷物を処分するための、究極の基準

私がそこまでたくさんの荷物を思いきって処分できた背景には、やはり余命宣告ということがありました。

それは、「自分の遺品として恥ずかしくないか？」というものでした。

万が一のことがあれば、遺された物は全てが私の形見になってしまう可能性があるのです。そう思うと、取捨選択の基準はおのずと厳しくなりました。何より私が遺した物で、両親が処分に困ったり、誰かの迷惑になったりしてはいけない。

はっきりした方針が決まると、片付けのスピードはぐんと上がりました。

そして、手元に置いておく物については、「残りの人生を共に暮らしたいと思えるかどうか？」ということを基準に考えました。

そこまで明確にすると、本当に必要な物は案外少なくてすむことに気づきます。

捨てることは自由を獲得すること

昭和を代表する曹洞宗の僧侶・沢木興道師の言葉に、

「仏教とは『得る道』ではなく、『捨てる道』を説きます。『捨てる道』は自由を獲得する道です」というのがありました。

若い頃、この言葉に感動した私は、永平寺の参禅会に何度も通ったものです。

そうして三泊四日の座禅三昧の日々から解放され、晴れてお寺の山門を出たときには、「わぁ、自由だぁ！」と心から思えるような快感を味わえました。その快感が忘れられず、参禅会体験にはまってしまったのです。

さらに、この参禅会体験をきっかけに精進料理と出会い、やがてそれがベジタリアン・デビューへと繋がりました。二十五歳のときです。

「捨てることで自由になる」というのは本当でした。

段ボールの迷路に占領されて動きが取れなくなっていた私の部屋も、捨てることでスペースが生まれ、自由に動き回れるようになったのです。まるで、二十五歳の頃に感動した言葉が、四半世紀を経て立体的に体験できたような気分でした。

毎日のお掃除習慣でキレイは続く

私の一日は、毎朝のお掃除で始まります。

まず全ての窓を開け、玄関の扉を開けて、家の中を朝一番の気持ちいい風に通り抜けてもらいます。これは、よほど風雨がひどいとき以外は、真冬でもやっている習慣です。風水などでも「気」を通すことの大切さは言われていると思いますが、風通しというのは、家だけでなく、気持ちの上でもリフレッシュに必要ですから。

それから、お掃除ロボットのスイッチを入れて、いざスタート。

丸い円盤型のお掃除ロボットは、家具などをセンサーで確認しながら床の上を進みます。おかげで、一緒に暮らし始めて以来、私は床に余計な物を置かなくなりました。

また、お掃除ロボットが家中の床をキレイにする小一時間ほどが、私のお掃除タイムでもあります。その間に、棚やテーブルを拭いて、仕上げに床の上をさっと掃くと、レギュラーのお掃除はおしまい。

後は、曜日毎にスペシャル・メニューが加わります。

たとえば月曜日は、「月」から連想して光るものを磨きます。天井から吊るしたペンダントの灯り、クリスタルの置物、鏡、窓などを、ピカピカに磨き上げるのです。

火曜日はお料理の「火」をイメージして、キッチン回りのお掃除です。

水曜日はもちろん、シンクやサニタリーなどの「水」回り。

木曜日は観葉植物のお手入れをして、金曜日には金属の水栓などを磨きます。

土日はスペシャル・メニューをお休みしますが、その他にもお風呂やトイレは使うごとにサッとお掃除をするので、汚れの溜まる暇はありません。


顔を洗ったり歯を磨いたりするように、毎日の日課の中に習慣として取り入れていると、お掃除は当たり前の行動になります。

私はたまたま、お掃除ロボットの作業時間を目安にしていますが、時間はもっと短くても長くても、習慣にすれば大丈夫。そのうち、お掃除をせずに一日を始めると、顔を洗わずに出かけたような気分になりますから。

お掃除で、心も体もダイエットできる⁉

二〇一〇年の秋、父が心臓発作を起こして入院という事態になりました。

このときは、三週間の間にカテーテルの手術を三回も受けたのですが、その度に母の目の前には山のような書類の束が置かれました。母はハンカチで涙を押さえながらも、手術の同意書に一生懸命サインをしていたものです。

父が八十歳と高齢のため、手術中に事故が起こる可能性や死亡する確率を示され、「手術をしても、まずもって運動障害は残ります」と、ご丁寧にも三人のドクターから言われたことで、母も私も退院後の介護生活を覚悟しました。

そこで母と二人、父の入院中に部屋の大掃除に取りかかったのです。何しろ、病院に置いてあるような介護ベッドが必要になった場合は、十分なスペースを確保しなければなりませんから。

少しでもスペースを作ろうと家具や不用品を思い切り処分しましたら、完全に物置と化していた部屋がスッキリきれいになりました。

両親が熱海に引っ越してから十数年経っていたのですが、それ以来開けていなかった戸という戸が開き、閉めたままだった窓が開けられたのです。部屋が一つ空いたことで、ちょっと広めのウォークイン・クローゼットが出現しました。

ここで処分した不用品は、実に二トントラック一台分もあったのです！


その後、退院した父はリハビリを兼ねて部屋をせっせと片付けるようになりました。

さらに食事も、それまでの半分の量（一食半）にしていたせいか、父は半年で十三キロも体重が落ちていました。「困ったもんだね。どの洋服もブカブカだよ」なんて言いながら、ニコニコしていました。

これまで食事制限や運動でダイエットを試みたことはあったけれど、それで成功したことなどありませんでした。ところが、思い切った掃除で部屋をきれいにした途端、自然にダイエットができたのです。

ＬＬサイズだった服もＭサイズになり、ベルトの穴も三つほど小さくなりました。

父を見ていると、余計なものを溜めこんでいたせいで体が重くなっていただけなのではないかしら、と思うほどです。

もともと物が捨てられないところがあった父が、すっかり物への執着がなくなり、晴々として身のこなしも軽やかになりました。

部屋が片付いて窓や戸も開くようになり、家の中の空気（気）が流れ出したことで、父の余分な体重も落ちて、心も軽くなったようでした。

なかなかダイエットがうまくいかないという方は、徹底的に物を捨てるお掃除がお勧めです。特に、長年使わずに仕舞い込んでいた物を捨てたり、長いこと開かずに閉めきっていた戸を開けるようなことがあれば、体重も劇的に変化する可能性があるかもしれません。

住まいと心はリンクする

お掃除とダイエットの話が出たついでに、お掃除と精神状態のお話を一つ。

ドイツ人コンサルタントのローター・J・サイヴァード氏とヴェルナー・T・チェスティンマッハー氏の書いた本を読んでいましたら、お掃除と私たちの精神状態が深く関わっているという説を見つけました。

その本によれば、「住まいは私たちの精神状態を映し出す鏡である」というのです。家の中で自由に動き回れないと、人生においても動きが制限されてしまい、経済的にもレベルが下がってしまうのだそうです。

面白いのは、心身の状態が住まいのいろいろな場所と密接にリンクしていて、それぞれのパートを改善したければ、その場所を整理整頓して片付けることだというところです。以下に、その相関関係を引用してご紹介しましょう。

・階段 ↓ 人生の発展性
・玄関、窓 ↓ 他人との関係
・ドア ↓ 心の開放度
・リビング ↓ 心の状態
・キッチン ↓ 健康状態

・床　↓　経済状態
・クローゼット　↓　身体の状態
・バスルーム　↓　悩み
・寝室　↓　心の安定度
・物置　↓　過去との関係
・屋根裏　↓　未来
・ガレージ　↓　行動力

確かに、ガレージが片付いていないと、すぐには車も出せないですし、行動力も鈍るような気がします。同じように、物置に長く積まれた品物は、過去の集積に間違いありません。

モノを片付ける、というのは、過去にカタを付ける、ということに通じます。
この関係性を上手に利用して、お部屋と自分自身の問題を一度に片付けることができたら、ラッキーです。

Column

それでも

人々は、理性を失い、非論理的で自己中心的です。
　それでも彼らを愛しなさい
もし、いいことをすれば、人々は自分勝手だとか、
何か隠された動機があるはずだと非難します。
　それでもいい行いをしなさい
もしあなたが成功すれば、不実な友と、
ほんとうの敵を得てしまうでしょう。
　それでも成功しなさい
あなたがしたいいい行いは、明日には忘れられます。
　それでもいい行いをしなさい
誠実さと親しみやすさはあなたを容易に傷つけます。
　それでも、誠実で親しみやすくありなさい
あなたが何年もかけて築いたものが、
一夜にして崩れ去るかもしれません。

それでも築き上げなさい
ほんとうに助けが必要な人々ですが、彼らを助けたら
彼らに襲われてしまうかもしれません。
それでも彼らを助けなさい
持っている一番いいものを分け与えると、
自分はひどい目にあうかもしれません。
それでも、一番いいものを分け与えなさい
（カルカッタの〈孤児の家〉の壁に書かれた言葉）

こんな生き方にはまだまだ遠いのですが、憧れを込めて祈っています。

この後に続くマザー・テレサの追祈祷として、

「結局のところ、神との問題であって、他人との問題ではない」

という言葉があります。

何でもかんでも外側のせいにしていた自分を、深く反省できるお祈りです。

第2章

心の中をお掃除すると、人生がもっと片付く！

きっかけは、ゴミに埋もれて眠る天使

あるとき、三夜連続で不思議な夢を見ました。

暗くてひんやりした部屋の中央に、不似合いなほど真っ白いベッドが置いてあり、中には小さな女の子が一人いて、グースカ眠っているのです。

よく見ると、ベッドの周りにはたくさんの真っ黒いゴミがぎっしり積まれていて、その女の子はゴミに埋もれるような形で眠っています。ゴミのせいで身動きが取れず、起きあがることもできずに眠っているようでした。

「こんな所で眠っていてはダメだわ。起こさなくちゃ！」と思ったところで、私の目が覚めてしまう。そんなことが三晩も続いたのです。

あのゴミだらけの汚い部屋は何処だろう？　ゴミの中で眠る女の子は誰だろう？

そう考えているときに、ふと「あれは私の心の中かしら？」と思ったら、胸に「ズキリ！」と痛みが走りました。「真実は心に痛い」と聞いたことがありますから、これはきっと「正解」なのでしょう。

私の守護天使かもしれない、魂の化身かもしれないあの女の子は、私がこの年になるまで五十年間も眠っていたのでしょうか？

それも、足の踏み場もないほど散らかったゴミだらけの部屋の中で！

「守護天使が眠ったまま居眠り運転を続けていたせいで、人生もトラブル続きだったんだわ」そう考えると、何もかもしっくり合点がいきました。

さぁ、大変！　もう気づいてしまったのですから、自分で何とかするしかありません。

そのときから、「心の中をお掃除する」ことが、私の大きなテーマになったのです。

「私」を一度脇へ置いてみる

お掃除と言えば、ゴミを片付けて捨てることです。そこで、まず私の心の中にあったゴミを分別することから始めてみました。

最初に気づいたのは、「私は」「私が」「私の」「私に」というエゴから始まる感情です。

心の中では、「私は○○だと思う」「私が○○をした」「私の○○」「私にとって○○かしら」という思考が、毎分毎秒、次々と生まれています。

でも、全てをここからスタートさせると、目の前に起きる出来事や人との出会い、見るもの聞くもの、全ての事柄を自分のモノサシだけで判断してしまうことになります。すると「私は○○だと思う（けれども相手は間違っている）」「私が○○したのに」「私の○○なのに」などという批判が生まれて、不満になり、それらはみんな心のゴミに姿を変えてしまうのです。

そこで、最初から判断をしようとせず、見たまま聞いたまま、丸ごとそのままを受け入れることから始めようと思いました。

私の場合、誰かのお話を聞きながら、その内容を頭の中で「これはよい話、これは悪い話」というように常にジャッジしていたと思います。さらに、自分が次に話すことばかり考えるのに忙しくて、相手のお話を丸ごときちんと聞いていませんでした。

本当は、自分の意見を言う前に、相手のお話をよく聞くことのほうが大切です。神様が人間に、二つの耳と一つの口を作られたのは、「言う」ことよりも「聞く」ことのほうが二倍大切である、という真実を教えたいから、だそうです。

人との出会いも、「私にとって得か、損か」というところから判断していました。そして、ここから始まる人間関係がソロバン通りに行かないと、それもまた心のゴミになってしまっていました。今、考えると、ホントに恥ずかしいことです。

損得勘定で人を見るのは確かにハシタないけれど、自分の頭で考えていれば、どうやったって「私」を捨ててしまうなんて、できることではありません。

それでも、全て「私」が主語になる考え方を、一度脇に置いてみよう、と思うだけでも、心の中にゴミの出る量はぐっと少なくなりました。

「頑張る」をやめてみる

次に、気づいたゴミの材料は「頑張る」でした。

「頑張ること」って美徳だと思いこんで、私はいつも自分を追い込んでいたのです。

もちろん、大切なところで精一杯の力を出して頑張ることも人生には必要だけれど、頑張らなくてもいいところで、頑張り過ぎて空回りしている自分がいました。

例えば、病み上がりの身体は頑張りたくても頑張れません。それなのに、そのことで自分を情けなく思ってしまうと、不安や焦りや落胆といった心のゴミが増えていくだけです。

それを「仕方ないなぁ。なるようにしか、ならないわ」と受け入れて、頑張ることをやめたら、私はとっても楽になって気持ちがよくなりました。

頑張れない自分に歯がゆさを感じて、「人生が止まってしまう！」と思い込んでいましたが、実際は全く逆でした。頑張れない自分を受け入れたら、それに見合った人生がゆっくりゆっくり流れ始めたのです。しかも、ストレスはゼロ！

本当に必要なことは、頑張らなくてもきちんと用意されて、目の前に現れるようにできているんですね。


実際に病気を治す過程でも、無理に頑張ることなんて一つもありませんでした。ガンは血液の汚れを集めてキレイにするための、「究極の浄化装置」であるというお話を聞いた私は、病気を怖れる気持ちからも解放されたのです。

治療中に表れた熱や痛みなどの症状は全て、体が治癒に向かって活発に排毒していただけのこと。それは、体が選んだ「治癒のためのベスト・チョイス」であることが起こっていただけです。

もちろん、症状がひどいときには苦しさや不安もありましたが、過ぎてみれば、「健康な私」ができ上がっていました。まさに「善きこと」が起こっていたのです。

心のお掃除も、きっと体のお掃除と同じなのでしょう。

苦しさも不安も、心のデトックス（排毒）作用でしかありません。辛い感情が湧き起こっても、「デトックスのために症状が出ているだけ」だと思えばいいのです。

全ては善き流れに向かっているということが信じられたら、無理に頑張る必要もなくなります。


たいていのことは、自分が少々頑張って手に入れる結果よりも、宇宙が用意した流れにお任せしたほうが、はるかに想像を越えた展開をしていくものです。

「頑張りすぎているな」と感じたら、冷静に客観的に、周りを見渡してください。そこには「無理」や「無駄」や「ムラ」に囲まれて、人生の時間やエネルギーを浪費している自分の姿があるのではないでしょうか。

度を越えた「頑張る」でストレスを育ててしまうと、「利己」という心のゴミは簡単に増量します。でも、頑張る必要はないと思えたら、人生はスムーズに動き出しました。

期待することをやめると、ガッカリが消える

「こんなはずじゃなかったのに〜！」と思ってしまう原因は、人に期待したり、自分に期待したりする気持ちが素になっています。

「きっとこうなるはず！」と思い込んでいたことが、思い通りに行かなくて、ガッカリしてしまうのです。そうやって思い込まなければ、期待はずれで落ち込むこともありません。

思い切って「期待すること」をやめてみませんか？

それは、人に対しても、自分に対しても、です。そうすると、なんと「こんなはずじゃなかった！」が、人生からキレイさっぱり消えてしまいます。

過大な期待や、自分にとってあまりにも都合のいい希望的観測は、プラス思考とは別のものです。「そう信じたい」「そうあってほしい」という気持ちに執着していると、実現しなかったときには大きく落ち込む原因になるのです。

少しばかりの期待はウキウキと楽しいけれど、人や自分に期待をかけ過ぎて「執着」になってしまうと、それは重たいプレッシャーに変わります。

また、「多少ガッカリすることなんか、人生にいくらでもある！」と思われるかもしれませんが、期待はずれやガッカリが少しずつ積もっていくと、気づかないうちに「落胆」が心のホコリとなって溜まります。

ガッカリしないためには、自分を信じ、運命を「全ては善きことである」と信じることです。そうすればどんなことが起きても、それは「善のための必然」ですから、怖れや不安の気持ちが膨らむことはありません。

まず自分を信頼することから始めなければなりません。
自分を信頼していないと、
自分のよさを自分に証明するために、いつも他人に頼らなければなりません。
しかし、決して満足しないでしょう。
あなたはいつもどうすればよいか他人に聞き、

同時に、自分が助けを求めた相手にいつも腹をたてるでしょう。

自動書記で有名なアメリカの作家、ジェーン・ロバーツの言葉です。耳が痛い！

ポジティブだけを求めるのもやめる

「心のゴミの正体とは何だろう？」と考えたら、すぐに思いつくだけで「怒り」「怖れ」「悲しみ」「苦しみ」…と、我ながら呆れるほどたくさんの感情が出てきました。

でも、なぜこんなに心のゴミが溜まり続けていたのでしょうか？

理由はとっても簡単でした。

宇宙は全て、プラスとマイナスの二つのエネルギーで成り立っています。陰と陽も、ポジティブとネガティブも、それぞれのプラスとマイナスが結合交流することで「ゼロ」となって電気が起こり、エネルギーとなって光が生まれるのです。それが宇宙の真理でした。

「怒りと許し」「怖れと安らぎ」「悲しみと喜び」「幸せと不幸」「絶望と希望」……。

対極にある感情も、全ては相対するエネルギーであり、みんな同じだけのボリュームで一対になっています。私の中では、二つがセットになって融合したとき、一つの完全な球体ができあがるようなイメージです。

それなのに私は長い間、セットになっているエネルギーの片方だけを「善きもの」と信じて、「ポジティブ」や「プラス」だけをせっせと集めていたのです。セットのもう片方である「ネガティブ」や「マイナス」は「要らない！」と言って、心の片隅に追いやっていました。

いつも「喜び」だけを育てているつもりで、同じ分の「悲しみ」も育っていることに気づかなかったのです。

でも、この考え方は、逆の場合に大きな救いとなりました。悲しくて悲しくてどうしようもないときには、同じだけの「喜び」が待っていると思えますし、どんなに大きな不安も、いつか同じくらいの「安心」に変わると思えます。

「相対するエネルギーはセットで一つ」であることを認めると、ポジティブに傾いていびつになっていたエネルギーが、美しいまん丸の光の球になるかのようです。そうやって一度結びついた新しいエネルギーは、もう壊れる心配もありません。

人生は、バラバラに散らかった感情のピースを組み合わせて、ぴったりのセットを作りあげるレッスンかもしれない、と思うようになりました。

このパズル・ワークが進めば、真っ暗でひんやりとした心のゴミ箱にも、光の球が現れて、一つまた一つと光が灯り、明るくなって片付いていくのでしょう。

とにかく何でも「ポジティブに考えよう」「プラスに変えよう」とする偏ったエネルギーは、心のバランスを崩してしまいます。

ポジティブ思考やプラスの意識だけを増やそうとすると、無意識の内にネガティブとマイナスがもれなく育って、行き場を失い、心のゴミ箱に溜まっていくのです。

心はいつもグッドバランスに。ポジティブにもネガティブにも偏らないニュートラルな状態が、実は心のお掃除の基本です。

過去と未来も大掃除

心のお掃除レッスンに卒業試験があったら、その課題は「過去を捨てる！」ということかもしれません。

過去の出来事は、神様にも変えることができません。そのことに対する自分の感じ方は変えることができます。

ここ数年間、物理的にも精神的にも「神様、助けてぇ〜！」と叫びたくなるようなトラブルに巻き込まれていた私は、まるでロングランのホラー映画に出演し続けていたような気分でした。

そんなホラー映画から「降板」できたのも、毎日の小さな「心掃除」のおかげです。

唯一、勇気のいることとは、過去をきっぱり捨て去ることだ。

過去を集めず、過去を積み重ねず、過去にしがみつかないことだ。

誰もが過去をひきずっている。

そして、過去に執着するからこそ、今を生きることができないのだ。

これは、インドの宗教家であるパグワン・シュリ・ラジニシの言葉です。

この言葉に、「なるほど！　過去を捨てればいいのね」とは思ったのですが、上手に捨てる方法がみつかりませんでした。

「忘れる」ことに努めても、時々どうしても「思い出し」てしまうのです。思い出しては、心の中で再上映してみて、「あ、やっぱりホラー映画だったわ」ということになるのです。ときには、「取った、取られた」を繰り返している任侠映画や、敵と味方に分かれる戦争映画が上映されることもありました。

でも、再上映する前に、視点を変えてリタッチや修正をすることはできるのではないでしょうか。

例えば登場人物の中の敵役が、過去に悔しい思いをさせられた人だと思っていたのに、自分の中にあるネガティブな感情が作りあげた私自身だったと気づくと、ホラー映画もただのファンタジーに思えます。そう思うと、ほら、「もう、怖くない！」。

また、「過去を捨てる」ということは、「今を生きる」ということにも繋がります。


時間とはつくりごとにすぎない。今だけが本物です。

ただ過去と未来から脱却するだけで、すばらしい創造力が生まれます。

私たちの全エネルギーは過去と未来に閉じこめられています。

過去と未来から全エネルギーを解き放ったときに、すばらしい大爆発が起こります。

その爆発こそが「創造力」です。


これも、パグワン・シュリ・ラジニシの言葉です。

心の中を「過去」と「未来」に占領させておくのはやめましょう。過去から新しいエネルギーは何も生まれません。

同じように、未来も手放しましょう。こちらは過去よりも捨てるのは簡単です。

未来への「不安」は、九十九パーセントが私たちの人生には起こらないのですから。

余計な心配をして「不安」を育てて、それを実現へ向かわせることはありません。

全く起こらないかもしれない将来の「不幸」に脅かされて、今の「幸せ」を壊してしまう必要なんてないのです。

過去のクヨクヨを捨てて、今に生きることで、未来のハラハラも育てずに済みます。

過去のゴミも未来のゴミもキレイに片付くと、心のお掃除もめでたくフィニッシュです。

Column

マザー・テレサ　日々の祈り

イエスよ、私をお救いください
愛されたいという欲望から
ほめられたいという欲望から
名誉を得たいという欲望から
称賛されたいという欲望から
人よりも好かれたいという欲望から
相談されたいという欲望から
よく思われたいという欲望から
人気を得たいという欲望から

屈辱を受けるという怖れから
軽蔑されるという怖れから
非難されるという怖れから
中傷されるという怖れから

忘れ去られるという怖れから
ひどい扱いを受けるという怖れから
嘲笑されるという怖れから
疑われるという怖れから

「毎日祈ること、瞑想すること」の大切さに気づかされたのは、〝日々の祈り〟のお陰でした。

マザー・テレサは「もし、神を探し求めているなら、まず祈ることを学びなさい。そして、毎日祈り続けるための困難を受け入れなさい」と本に書いています。

それは「毎日寝る前に祈ること」だと思っていたら、カルカッタにある孤児の家へお手伝いに行った友人から、「シスターたちはいつも口の中で祈りの言葉を呟いている」と聞きました。まるで呼吸をするように、それが当たり前の日常なんだそうです。

〝祈りと共に奉仕する〟というシスターたちの生き方は、今や私の「憧れ」です！

第3章

「エゴ」を片付けるレッスン

我を張ると目的地へ行けない

大好きな『不思議の国のアリス』に出てくるチェシャ猫の台詞で、「自分がどこへ行くかわからなかったら、どんな道を通ってもどこへも行けないよ」という言葉があるのですが、本当にそうだと思います。旅行でも人生でも、目的地がわからなければ、そこにたどり着くことはできないのです。

でも、間違った方向へ行こうとすると、流れを止められたり道を閉ざされたりします。それを、無理に何とかしようと頑張って、無駄なエネルギーや労力を使っていると、ヘトヘトに疲れてしまいます。

エリック・パール氏というカイロプラクティックの専門家が書いたヒーリングの本にも出ていましたが、「もし何かが実現しないときには、それは自分が頑張りすぎているせいだ」と言うのです。

日本語でも頑張るは「我を張る」に通じますが、要するに、「我（欲）」が出ているからうまく行かないのです。

幸せのために頑張っているつもりでも、もし目的地へ行けない、望むものが手に入らない、というときには一度やめてみてもいいかもしれません。


私も、何だかむやみに頑張っていた時期がありました。もともと負けず嫌いですし、見栄っ張りなところも大いにあって、虚栄心で頑張っていた部分もあります。

テレビ通販番組のバイヤーとして三百億円以上も売り上げていた頃は、新聞や雑誌の取材も受けるほど働いて、ときには年収を超えるような決算ボーナスをいただいたりもしました。

ところが、大ケガと大病で人生が止まってしまって、頑張ろうとしても頑張れない自分がいました。そんな自分が嫌で、許せなくて、「早く元気になって、あの状態に戻らなきゃ！」ともがいていたのです。

けれども、大ケガと大病はまさに自分の「我」を捨てるチャンスでした。

足を骨折して歩けなかった私はバイヤーとしての営業活動ができなくなり、やがて失職してしまいましたが、一人になって初めて、企業の力があったからこそ営業活動ができていたということを思い知らされたのです。それまで、自分の能力で仕事をしていたのだと勘違いしていました。自分の無力さと、落ちぶれた自分を認めることは、とても辛いことでした。

さらに、大病して寝たきりになって働くこともできなくなり、虚栄で飾ることのできない自分自身の素の輪郭がくっきりと見えてきたのです。

例えば、ものの考え方、価値観に対する思い込み、仕事へのプライド、エゴ、そういった余計なものが全部はがされて、「私はこう見えなくちゃいけないんだ」というものがすっかりなくなりました。

トラブルはスピリチュアルな英才教育である

「トラブルはスピリチュアルな英才教育」なのだそうです。それは、いろいろなトラブルに見舞われる人のほうが、精神的に成長する機会を与えられているから。

これまでいろいろなトラブルを経験してきた私も、「英才教育を受けていたのよ」と言われれば、「そうか、私は英才教育を受けていたんだ」と誉れ高い気持ちになります。

何しろ、受験に失敗して大学も中退し、結婚も仕事も失敗して、病気もケガもして、挫折だらけの人生です。それでも、「英才教育」と言われるのと「失敗者」と言われるのとでは気分が全く違います。

私は誰にも負けない英才教育を受けていたのだ、と思えば、挫折体験もコンプレックスではなくなりました。

「あなたは頑張ればできる」と言われ続け、それでも失敗を繰り返して自分が嫌いになっていた私が、失敗やトラブルは英才教育だったと知ったことで、「なんだ、無理に頑張らなくてもよかったんだ」と思えたのです。

ただ、トラブルはスピリチュアルな英才教育だったと言えば、エリートになったような気もしますが、一方では、教育を受けなければいけないような「子供」だったとも言えます。

あるとき、たまたまいただいたクッキーの中におみくじが入っていて、そこに「大人になるというのは、愛される側から愛する側へと変わって行くこと」という言葉が書いてありました。

その言葉を読んだときに、「あぁ、私はまだまだ子供のままだ」と思ったのです。なぜなら、「愛を受け取りたい」「愛されたい」という思いのほうが強くて、とても愛する側の人間だとは言い切れない気がしましたから。

心をお掃除するときの基本として、まずは自分の居場所や仕事や役割を含めた、自分自身を愛することから始めなければいけないと思うのですが、挫折体験などがあると、どうしても自分を心から愛せないという状態になります。

ここで言う「愛する」は、「大切にする」と言い換えたほうが、わかりやすいかもしれません。

思い込みにご用心

よく「思い込みの激しい人」という言い方をしますが、それはあまり良い意味で使われることはありませんよね。

思い込みに注意が必要なのは、ときとして「思い込み」が間違った方向にその人を連れて行ってしまうからです。しかも厄介なことに、自分で思い込んでいることは、それが「思い込み」だとは気づきにくいのです。

「問題」だと思っていることのほとんどは、この「思い込み」が原因でした。

私の場合、離婚や病気など自分の求めていないことが起こり続けたのは、過去の出来事に囚われていて、それをついつい思い出すために、エネルギーを浪費していたからだと思います。つまり、「私が不幸なのは、自分の人生に誰かが足りなくて、何かが不足しているからだ」という間違った思い込みを続けるために、たくさんのエネルギーを使っていたのです。

また私には、人と比較して「人目を引くこと」「特別であること」「個性的であること」が、自分に自信をもたらすのだという強い信念があったのですが、これも一つの〝根深い思い込み〟でした。

判断の基準を「人と比較して」というところから始めることで、すでに間違いが起きていたのに、それとは気づかず一生懸命にエネルギーを注いでいたのです。

自分と比較してよいのは、理想の自分と現実の自分とのギャップだけです。

今まで当然だと思っていたことのほとんどが、実は思い込みにすぎなかった私は、自分で「思い込み人生」を創り上げていました。それはもしかしたら、現実を認めたくないために、外側の世界に不幸の原因を押しつけていたのかもしれません。

「自分はこうでなければ」「私って、こういう人だから」という思い込みから解放されて「このままの自分」を受け入れることができたら、自分を許すこともできて、自分を好きになれます。

夢に向かってすすむとき、「こんなはずじゃなかった」と思う前に、それは「自分の思い込みではないかしら？」と省みる余裕があると、間違った方向へ突っ走ることなく、楽に軌道修正できるはずです。

自分自身を知るということ

ソクラテスの言葉に、「汝自身を知れ。汝自身について考えよ」というものがあります。自分を知ることは、人生を探求する旅の目的そのものかもしれません。

でも、自分自身を知るというのは、一体どういうことでしょう。私たちは生まれてからずっと、自分の頭で考え、自分の体と付き合ってきています。そんな自分を知らないなんてことがあるかしら？

私は、自分の本質を知るための答えが「自分」という文字の中にあるのではないかと考えています。「自分」の中には「分ける」という文字が入っていますが、これは自分自身というものが単一ではなくて、二つに分かれたエネルギーの一つであると思えたからです。

それでは、自分が分かれたエネルギーの一つであることを前提とすると、分かれた相手（分身）は誰なのか、ということになります。

きっとそれは、目の前に現れる人々、その全員が分身なのでしょう。その人たちの存在を通して、自分の本質やバランスの崩れた心に気付き、そこでやっと自分を知ることができるのではないかと思うのです。

その究極とも言える相手が、夫婦というカップル。それは、お互いを知るため、お互いを通して学び合うため、特別にセッティングされた関係です。

私は離婚して、学びのチャンスを途中放棄してしまったので、「夫」を通して気づくべきことを教えるために、他のキャストが様々に姿を変えて、私の前に現れてくれたというわけです。そのために、目まぐるしくトラブルの多い人生が続いたのかもしれません。

そう言えば、私の目の前に現れたどの人も、私の中にあるいろいろな要素を見せてくれました。わがままな人は自分勝手な私を映し出し、うそつきは約束の守れない私を思い出させ、というふうに、それぞれのパフォーマンスには意味があったのです。

特に、自分にとってのトラブル・メーカーだと思っていた人が、今にして思えば、一番の教師だったと思います。

「鏡」から「我」を取ると

「原因と結果の法則」などで知られるイギリスの作家、ジェームズ・アレンは、鏡を次のように表現しています。

心に密かに抱いた考えは現実となる。
あなたの周囲の環境は、真の私たち自身を映し出す心の鏡にほかならない。

実際に自分自身を知るときに、一番手っ取り早い方法は鏡を見ることです。そこには、等身大の自分の姿が映し出されます。

ある日、お祈り以外の方法で「神と繋がること」について考えていた私は、ふと部屋の中にある鏡に目が留まり、ある人から以前、聞いたことを思い出しました。それは「かがみ」から「が」を取ると「か・み」になる。つまり、「我」を取ると「神」になるということです。

なぁんだ、真理ってシンプルでとっても簡単！「我（エゴ）」を外せばいいだけなんだ。簡単、簡単！

…と思っていたのですが、これは本当に難しいことでした。

日本で初めてヨガの修行をして「心身統一法」を創始した中村天風氏の言葉に、「人生の苦しみを取り除くには、何よりも心の中の観念を大掃除することが必要だ」というものがあります。この「観念」を「我」に置き換えると、わかりやすいでしょうか。

私たちは「我（エゴ）」の塊です。何でも思考のスタートは「私が」から始まります。

そんな自分の姿に気づかせてくれるのが、外の世界の出来事であり、外の世界で出会う人々なのです。

私たちは、自分の心の中に存在するもの以外は、見ることも体験することもできません。どんな事件が起ころうと、誰かと仲違いしようと、全ては自分の心の中に存在するものがスクリーンのように目の前に映し出されているだけです。

例えば争いごとが起こったときには、心の中に争いごとを好む私がいたはずです。そんなときは、その対極にある「平和」を選びとるまで、登場人物や場所や時間を変えて、同じような出来事が起こり続けます。「争い」は「平和である日常の幸せ」を知るためにあった、ということがわかれば合格で、いつも平和を選択できる私ができ上がれば、この「学び」は卒業できます。

「嘘」や「裏切り」も「誠実さ」「正直」を選択できるまで続き、「病気」や「ケガ」も「健康」の大切さを知るまで続き、「貧しさ」も「豊かであること」に気づくまで続きます。

これらは、どちらか片方だけでは存在しない、セットで一つのエネルギーなのです。

鏡の中の自分と鏡の前の自分も、片方だけでは存在しないように。

広辞苑で自分のウィークポイントを探してみる

心を磨くレッスンをしようと思い立った私は、磨き方を考える前に、まず「私の磨くべき場所（汚れた所？）はどこかしら？」という疑問にぶち当たりました。自分自身でどこが汚れているのかがわからなければ、磨きようもありません。

そこで、私が自らのウィークポイント探しに使ったのは広辞苑でした。広辞苑を開いて、「これは自分のウィークポイントかもしれない」と思える言葉を書き出していったのです。選ぶときに一番わかりやすいのは、人から言われてカチンとくるような言葉でした。有名な川柳じゃないけれど「そのとおり　だから余計に腹が立ち」というわけです。あるいは、それを言われたときに「えっ？　そうじゃなくて、私はこうなんだもん」という言い訳をするだろうなと思える言葉も選びました。

最初はメモのような形で気軽に始めたのですが、あまりにも数が増えていくので大学ノートに改めて書きなおし、気がつけばピックアップした言葉はなんと六百語を軽く超えていました！

「こんなにあるの？」と一度は肩を落としましたが、気を取り直して、その六百語を三日ほどかけて絞り込んで整理してみたのです。

例えば自分自身の「驕《おご》り」「自惚《うぬぼ》れ」「傲慢《ごうまん》さ」、あるいは人に対しての「侮蔑《ぶべつ》」「侮《あなど》る」気持ちなどは、「高慢」に含まれます。そうやって、自分の中に「あるある！」と思えるようなことをピックアップしてグループ化していきました。

そうすると、私の中のウィークポイント・ベスト3は、「高慢」・「軽率」・「浪費」だったということがわかったのです。

「軽率」というのは、しっかり考えずに動いてしまうところです。

例えば、人を見るときに、「この人はこうであってほしい」「この人をこういうふうに見たい」という「先入観」や「偏見」や「思い込み」で判断してしまう。すると、第三者から「あの人には注意しなさい」と言われても、「私にとっては良い人」という見方をして、冷静で合理的な判断ができなくなるのです。「軽はずみ」で「感情的」な行動をして、それがもとで何度もトラブルに遭ってきました。

「浪費」は単純な言葉ですが、私の場合は通販番組のバイヤーをしていたこともあり、買物をするときに「これは浪費じゃない。だって、私はバイヤーなんだもん」という思いがいつもどこかにありました。「強欲」も「贅沢」も仕事のうち、というのは言い訳です。

こうしてウィークポイントがわかると、これらの言葉に関わる行動をしている自分もわかるようになります。

「あれ？　私の今の行動は軽率だったかしら？」などと気づくことができれば、自分自身を変えられるチャンスがあるのです。人のことは変えられないけれど、自分は気づけば変われます。

自分自身を知ることで磨く場所をチェックしやすくする、さらには自分を変えられるチャンスに気づきやすくする、ということがこの「ウィークポイント探し」の効用なのです。

広辞苑でも電子辞書でもかまいません。まず「自分を知る」という作業を通じて、この先つまずきやすい弱点に備え、これから向かう未来への道を歩きやすくしてみてはいかがでしょう。

■ 広辞苑で見つけた私のウィークポイント！

私がどんなふうに分類したのか、わかりやすくするために、ウィークポイントの例をグループ別にまとめてみました。

ここにある言葉の一つ一つは、自分の中に「ある、ある！」と思ってピックアップしたものです。そう考えると「恥」の大公開ですが、実際に広辞苑を使ってワークをされる方がいらしたら、参考になさっていただきたいと思います。

私自身、これらの膨大なウィークポイントをもとに、心のお掃除レッスンを実践している最中です！

①「高慢」グループ

「欺《あざむ》く」「侮《あなど》る」「言いくるめる」「言い張る」「怒り」「意地悪」「偽り」
「嘘をつく」「自惚《うぬぼ》れる」「恨《うら》む」「羨《うらや》む」「横柄《おうへい》」「驕《おご》り」
「お世辞」「お節介」「頑固さ」「強制する」「強要」「計算高い」「軽蔑《けいべつ》する」
「権利的」「傲慢」「自意識過剰」「嫉妬」「所有欲」「独裁的」「独断的」「取り込む」
「憎しみ」「値踏《ねぶ》みする」「排他的」「ひいきする」「否定的」「批判的」「侮蔑《ぶべつ》」
「見下《みくだ》す」「勿体《もったい》ぶった」「野心」「優越感」「融通が効かない」「利己的」
高慢　↓　「控え目な心、謙虚さ」へ

②「軽率」グループ

「甘い」「依存」「お人よし」「思い込み」「愚か」「快楽的」「軽はずみ」「感情的」
「狂信的」「極端」「軽薄」「先入観」「躁病的」「騙《だま》される」「手ぬるい」
「取《と》り憑《つ》かれる」「のぼせる」「分裂的」「偏見」「向こう見ず」「盲目的」
軽率　↓　「慎重」へ

③「浪費」グループ

「着飾った」「ケチ＝ケチと言われるのが嫌で浪費」「強欲」「執着」「贅沢」

「怠惰＝時間の浪費」「貪欲」「無知：知識を身につける努力の浪費」

浪費　↓　「大切にする、感謝の心」へ

改めてこのリストを見ながら反省しますと、自分は、「謙虚さ」のない、「慎重さ」に欠く、「感謝」の思いの足りない人間であったと気づきました。恥ずかしくて「対人恐怖症」になってしまいそうです。

それでも、「ここから変わって行かなくちゃ！」というウィークポイントがわかったことは、私にとって大きな収穫でした。

Column

「聖フランチェスコの祈り」

神よ、私をあなたの平和の道具としてお使いください。
憎しみのあるところに、愛を、
罪のあるところに、許しを、
争いのあるところに、平和を、
疑いのあるところに、信仰を、
絶望のあるところに、希望を、
暗闇のあるところに、光を、
悲しみのあるところに、喜びを蒔かせてください。

おお、神よ
慰められるよりも、慰めることが、
理解されるよりも、理解することが、
愛されるよりも、愛することができますように。

なぜなら、
与えることによって、与えられ、
許すことによって、許され、
死ぬことによって、永遠の命を与えられるからです。

このお祈りは子供の頃から大好きで、私にとっては「効果絶大！」です。

ここ数年間、ケガや病気だけでなく、仕事や人間関係のトラブルにも悩んでいた私は、このお祈りに支えられて過ごしてきました。

言葉をかみしめながら唱えると、心の中で「意識の変革」が起こるのです。

特に最後の三行は、長年無意識に唱えていたのですが、やっと最近になって言葉の意味が心に沁み込むようになりました。

今でも祈りの言葉を口にするたび、私はいつも問いかけています。

「今の私の人生は、あなたの平和の道具に向かっているのでしょうか？」と。

第4章

「不足感」を増やさないレッスン

不満大敵！　ないものねだりの迷路に迷い込まないで

「夢は何ですか？」と聞かれて、即答できる人は幸せです。今のあなたは、自分の胸に「本当は何がしたいのか」と聞いて、すぐに答えが返ってくるでしょうか？

中には、「何がしたいのかはわからないけれど、何が嫌かはわかっている」という人もいます。それは不満を数え上げることに忙しくて、「あれはやりたくない、これは気に入らない」と消去法で夢を封じているうちに、自分のことが見えなくなっているのかもしれません。油断大敵ならぬ、不満大敵です。

不平不満が先にくると、自分の本当の夢まで見失ってしまうことがあります。

私が最近、読んでドキリとした言葉をご紹介します。

それは、「今あなたが幸せを感じていない理由は、一つしかない。自分にないもののことばかり考えているからだ」というものです。この言葉で、私がいつも感じていた「不足感」の根本を突かれたような気がしました。

私には自分の作り上げた家庭がないし、夫もいなければ子供もいません。そのことがずっとコンプレックスになっていて、根深い不足感につながっていたのです。今となっては、少なくとも今の私にはどうすることもできないのに、それをずっと心に抱いて、その不足感のために不安になったり心配したりしていました。「このまま一人でいたら、私の未来はどうなるんだろう？」と。

「一人を選んだのはあなたじゃない？」と、自分に言うしかないのに。


冷静に考えると、自分に〝あるもの〟だってたくさんあります。その当時、高齢ですのに元気でいてくれる両親と、一緒に出かけたり、テーブルを囲んで美味しく食事をいただけたり、そうやって共に過ごせる幸せにもっともっと感謝するべきでした。

この幸せは、決して「当たり前」のことではありません。

平凡な毎日が奇跡のように与えられているのに、「足りないもの」を数えては不平不満を並べていた自分が、本当に小さく思えます。不満を言うより、まず自分に与えられているものに感謝して、きちんと今日を生きることのほうが先です。

ないものねだりの迷路に迷い込んでいては、夢への出口も見えません。

幸せな人は「満たされている」ことを知っている

幸せに暮らしている人の共通点を考えたとき、「満たされている」と思う感覚を持てているかどうか、ということに尽きるのではないでしょうか。

私はそのことを、二人の女性の生き方から感じました。


一人は、私がヨガを教えていただいている近藤紗登美先生です。

近藤先生はいつも軽やかで楽しそうで、「どうしてそんなに楽しそうなんですか?」とお聞きすると、「だって私、幸せだもの」とおっしゃいます。

ヨガは、劇団の研究生時代に旅先で出会った方から、「今晩、ヨガやらない?」と誘われて始められたのがきっかけです。もともと関心があったそうですが、初めてのレッスンで身体感覚がなくなって、魂の存在に気づく体験をしたことで、「一生、続けなくちゃ！」と感じたそうです。それからは、まるで身体が記憶していたかのように、たった二週間でインストラクターの資格を取得され、ヨガの道を歩み始めました。以来、あっという間に二十八年が経ってしまったとおっしゃいます。

その後、鍼灸の学校で経絡の勉強もされ、インドのヨガと経絡を中心とした独自の療法で、たくさんの方の症状を改善されています。それは、ご自身がヨガで体験した宇宙エネルギーを流し、心身が解放されてバランスが整っていく状態を、受け手にも体験させるというものです。

「この療法と、ヨガを教えることが天職だと思うの。自分の夢を見つけ、それを早く知ることができて、本当に幸せだと思っているの」と笑顔でおっしゃるのです。

自分の行くべき道、やるべきことがわかっていて、さらにそのことで人にも喜ばれているというのは、本当に幸せだと思います。

今は、一日二時間のクラスを四コマ担当されたり、六時間通しで「ロング瞑想」の指導をなさるなど、全国二十カ所へ指導と施術に飛び回る生活です。嬉しそうに「毎日がヨガと瞑想三昧ね」と言われる姿に、心からお仕事を楽しんでいらっしゃることがよくわかります。熱海には五十人の生徒さんの他に、空きを待っている人が二十人もいるという大人気のヨガ・インストラクターです。

近藤先生に教えていただくと、「満ち足りている」オーラを感じることができるのも、人気の秘密かもしれません。

ある日、私が「先生に不安や迷いはないのですか?」とお聞きしたら、返ってきたのは目が覚めるような回答でした。

「不安や迷いがあるのは、神様との間に距離があって一体化していない証拠ですよ。神様と宇宙の流れに全てをお任せしていれば、不安も迷いも消えてしまいますもの」

なるほど。全てを天に預ける生き方が、先生を軽やかにしていたのですね。

もっともっと、をやめたら幸せになった

もう一人、熱海駅のそばでブティックを開いているユキコさんからは、「満ち足りている」ということについての印象的なお話を伺いました。ユキコさんは「もっともっとをやめたら、とても満ち足りて幸せになったの」と言います。

ユキコさんは、熱海への移住を機に、自分の好きなレースのお洋服を中心としたブティック『ふるふる』を開きました。彼女のお店は週に二日だけオープンするという夢のようなお店ですが、お客様は心得ていて、店が開いている日曜と月曜に来店してくださるそうです。週に一日は仕入れに行き、後の四日はお休みという優雅な仕事ぶり！「素敵だと思うお洋服に囲まれて楽しく仕事ができて、お客様に喜んでいただけて幸せなの」とおっしゃいます。

家族との時間を大切にするために週休五日の営業スタイルを優先させて、お店はあくまで人生の充実のために開いているそうです。

そのブティックは、古い物件をご友人とイメージ通りにリフォームしたと聞きますが、それはそれは優雅な店構えです。こぢんまりと、センスよくまとめられたディスプレイや商品ラインアップは、パリのブティックを思わせるお洒落な雰囲気にあふれています。

彼女の場合、現在のように無理をせず楽しんで仕事ができるようになったきっかけは、四国巡礼でした。ご主人が仕事をリタイヤされた後、ご夫婦で「四国へお遍路さんに行こう」ということになり、娘さんも誘って三人で出かけることになったのですが、出かける前は「長旅になるから」と、あれもこれも詰め込んで荷物を作ったそうです。そうして最初のうちは「防寒具もいる、雨傘もいる」というふうに、一生懸命いろんなものを背負って歩いていました。

ところが、お遍路用の笠をかぶると、そのまま雨に濡れても大丈夫だったのです。「雨に濡れてもいいんだ」ということを初めて知り、そこからどんどん身軽になっていったと言います。そこで、いらなくなったものを家に送り返していくうちに、最後は替えの下着とセーターが一枚、後は郵便局のカードくらいしか必要なものはなかったそうです。

「お遍路さんは、最低限必要なものがあれば泊めていただけるから、最後には本当に空身で歩けるようになったのよ。そこで、あぁ、私は歩いて行く中でこれを体験しなければいけなかったんだな、と気づいたんです」

歩き通していくうちに、背負っていたものが「なくても大丈夫」と思えるようになり、荷物を送り返して送り返して、気がつけば、ほぼ空身になっても大丈夫だったという体験をしたことで、本当に大切なものが見えてきたのです。

そこで、「もっともっと」をやめた彼女は、自分の好きなものだけを揃えたブティックを週に二日開ける、という今の生活を心から楽しんで暮らしているのです。

幸せは自分の内側で感じるもので、外からやってくるものではないのですね。

いくらお金があっても健康でも大成功していても、「足りている」と感じなければ、「もっと！　もっと！」と求めてしまうものです。

でも、「満ち足りている」と感じた瞬間に、人は誰でも豊かで幸せになれるということを知っていれば、外側に求める必要はなくなります。

「幸せ不感症」になっていませんか？

今、確かに与えられているものを考えてみると、毎朝のように昇るお陽様の輝き、吸いきれない空気、そして毎日与えられる二十四時間という時間があります。これらは誰もが皆、平等に与えられているものです。

私の生活でいえば、ささやかな住まいと毎日の食事、今の暮らしを支えてくれるのにちょうど良いくらいのお金……いろいろなものに恵まれています。そう思うと、もっと、もっとと欲張る必要なんて、ちっともなかったのです。

自分が考えていたよりも病後の回復に時間がかかってしまい、体力も気力も戻らないことで落ち込んでいた私は、そのことで「不幸」だと思っていたのですが、実は十分にたくさんのものを与えられていました。

それなのに、与えられているものには目を向けず、まだ見ぬ「未来の不足」のことで頭がいっぱいになっていたのです。「もしかしたら、足りなくなるかもしれない」という不安も、「足りている！」と思えたら、今の私に必要なものはちゃんと揃っていました。

生きていれば、「これ以上、欲しいものは何もない」と言い切れる日なんて、永遠に訪れそうもありません。でも、欲しいものを手に入れたとしても、その満足感は一時的なもので、またすぐに欲しいものや自分に足りないものを求めてしまう自分がいました。いつも「欠乏」という意識に追い回される、不足感の虜《とりこ》だったのです。

私は「何かが足りない」という思いに支配されて、満足することを知らないために、いつも不満を抱えているという悪循環の中にいました。

特に二〇〇八年からの四年間は、ケガと病気に忙しくて、それがまるで私の仕事のようになっていたのです。このことをきっかけに、人生も止まってしまいました。

それでも、体のリハビリは時間をかけて毎日続ければ、それなりに回復して行くものですが、人生に敗北して動きのとれなくなった自分を認めるのには、時間がかかりました。イライラして「こんなはずじゃなかった」「あれも足りない、これも足りない」と不満だらけの日々。

それでも以前と同じように、太陽も空気も時間も与えられていましたし、毎日の食事も住まいも与えられ、すべては目の前にあったのです。自分の感性がマヒして、足りていることを感じられなかっただけで、実は十分に与えられていました。

私の感覚が鈍って幸せを感じられなくなり、いつしか「幸せ不感症」になっていたのです。

少なくとも日本をはじめとする先進国では、私のようにすべてが与えられて、幸せ過ぎるせいで、「幸せ不感症」になっている人が多いのではないでしょうか。

まずは、つつがなく毎日の生活が送れることを、きちんと「幸せ」として受け止めることのできる感性を養うことでした。幸せに敏感な人はいつでも満ち足りて過ごせますし、不満には鈍感でいられますから。

幸せというのは、何かを積み上げて築くことではなく、気づくことで簡単に得られるものなのかもしれません。

罪深い「不幸中毒症」だった私

幸せに対して、自分は「不感症」だったのではないかと気づいたときもビックリしましたが、さらに進んで、実は「不幸中毒症」だったかもしれないと思ったときは、さすがに全身から力が抜けました。

例えばそれは、今どうすることもできない過去の不幸を、繰り返し繰り返し再生しては「不幸な私」を演じ続けることにどっぷり浸っていたと気づいたからです。

「あの人から、あんなことを言われた。こんなことをされた」「だから私は、こんなふうになってしまった」などなど…

そんな自分を思い出しては、「不幸な私」というストーリーを頭の中でエンドレスに再放送しているようなものでした。

感情そのものには、幸福も不幸もありません。感情に不幸のストーリーがくっついたときに、不幸と感じるだけです。

どんなに器用でも、「不幸」を数えながら「幸せ」を感じることはできません。

この「不幸中毒症」は「幸せ不感症」よりもずっと重症で、もしかするとこれが原因で、他の中毒症状であるアルコールもたばこもお砂糖も薬物も、やめたくてもやめられなくなるのかもしれません。

「不幸中毒症」はとても罪深くて、大切な「今」という時間を蝕んでしまいます。この中毒症が起こると心や感情までも冷えて冷たくなり、やがてウツ状態になってしまうのです。

ウツ状態にはまってしまうと、本当に厄介です。ささいなことに動揺し、怒りっぽくなり、そのくせ傷つきやすく、悲しみを抱え込み、不安をどこまでも膨らませていきます。健康な心の持ち主ならちっとも気にならないようなことでも、大きなダメージとなって不幸のどん底に落ちてしまうのです。

そして不幸はさらに連鎖し、過去に積み重なった古い感情までも甦《よみがえ》って、もっと不幸なストーリーを創り上げてしまいます。ウツ状態が不幸を加速させるのです。

やがて人間関係もうまくいかなくなり、孤独感が増して不幸はパワーアップしてしまうのですが、その状態が、実は自らが創り出した悪夢のストーリーでしかなく、現実ではないことにも気づくことができません。

「もう、こんな不幸はうんざり！」と思いながらも、抜け出し方がわからなくなってしまいます。

私が、まさにそうでした。ガンが完治して喜んだのも束の間、今度は病気を治すという目的を失って、燃え尽きてしまったのです。

死ぬ準備をしていた人間がその目的を失って、「私、まだ生き続けるんだ」ということになり、「じゃあ、これからどうやって生活するの？」「仕事はどうするの？」と、次々に不幸の種を見つけては、皮肉なことに闘病中よりも重いウツ状態になってしまいました。さらに、若い頃に罹《かか》った腎機能不全を再発させてしまったのも、このウツ状態が原因で発症したのだと思います。

この機能不全は腎臓や体だけでなく、私の精神や心、魂を含むすべてのエネルギーにおいて起こり、そのことで人生も機能不全に陥って止まってしまったようでした。もがいても苦しくて、抜け出す方法もわからないまま、半年が過ぎていったのです。

そして、あの大震災が起こりました。

不幸から解放されるための学び

東日本大震災の惨状を見て自分が置かれた状況を考えると、「すべてに感謝しなければ！」と思うのですが、間接的に報道などで見ているうちに一緒になって心が被災してしまい、ますます不安に怯える日々が続いていました。

私は避けようのない事実に対して、「受け入れない」ことで抵抗し続けていたために苦しくなっていたのです。

ところが、テレビの画面を通じて被災者の方たちの姿を見ているうちに、「これは違うな」と感じるようになりました。抵抗せず、受け入れることで、安らぎを得ていらっしゃるように思えたのです。

「無抵抗」こそが、次の人生の扉を開くカギでした。抵抗しないことが調和であり、判断しないことが非暴力であり、執着しないことが自由であり、それは「抵抗せず、判断せず、執着せず」という、インドを独立に導いたガンジーのスローガンそのものです。

また、イスラム神秘主義者・スーフィー族の賢者の言葉に「これもまた過ぎ去る」というものがあります。永遠に続くかと思われるような苦しみや辛さも、やがて時が経てば過ぎ去っていくもの。今は不幸でも、この先ずっと不幸ということはありません。「そうか、何があっても気にしないで、大丈夫だと思えばいいんだ！」

そこで私は、辛くなったら「これもまた過ぎ去る！」とおまじないのように唱え始めたのですが、そうしたら少しずつ不幸からは解放されるようになりました。

私の感じていた不幸は、いま現在の不幸感ではなく、過去の不幸の焼き直しであり、未来の不安に対する嘆きだったのです。過去のことはもう終わったことで、未来への不安があっても、これからのことは全部が不確実で不確定です。まずは現実を受け入れなければ、いつまでも恐怖や不安が募るばかりでしょう。

人生は不確実で不確定だからこそ、何が起こってもおかしくないし、何があっても受け入れることです。

そして現在の不幸感も、きっと「これもまた過ぎ去る」ものだとわかっていれば、そこにとどまる必要はありません。

東日本大震災では、私を「不幸中毒症」の迷路から救い出してくれる大きな学びがありました。

頑張りすぎる心の奥に「不足感」はありませんか？

私はこれまでに、無理して頑張りすぎると孤立してしまう、という体験もしました。仕事で頑張り過ぎていたときには同僚から距離を置かれて、気がつけば、「あら？

私は誰とランチに行けばいいのかしら？」というような孤独感に陥ったこともありました。頑張れば頑張るほど、孤独は深くなっていったのです。

家庭でも、同じような経験があります。私が尽くせば尽くすほど空回りしていたのです。気がつけば夫の口癖は、「おかまいなく」になっていました。

私は「こうしてあげなきゃ、ああしてあげなきゃ」という思いが先走り、自分自身のエネルギーがそのことだけで空っぽになってしまっていたのです。さらに、エネルギーを生み出すのに一番大切な「自分はどう生きたいのか」「自分はこの家で、どうしていたいのか」という芯の部分が抜けていました。

「こうやったら喜んでくれるはずだ」という思いでやっているのですが、「喜んでもらってない」と感じると、「もっともっと」と躍起になって尽くしていたのです。そんな満たされない思いを抱えたままで、十二年も空回りを続けていた気がします。

満たされないと感じるから頑張りすぎる、という悪循環でした。

あのときは、家庭生活の中にギブ＆テイクを求めていたのでしょう。それも正確に言えば、テイク＆ギブです。欲しいものを与えてくれれば愛する、与えてくれなければば愛さない。夫がこうしてくれるから私は好きでいるけれど、こうしてくれないから嫌いになる、というように。

全てが「受け取る」をベースにしていたから、受け取れない状態が続いて疲れてしまったのです。「与える」をベースにしていれば、受け取れなくてもストレスにならず、人間関係も難しくなかったはずです。

受け取りたい、という気持ちが先行するのは、その前提に「不足している」という思いがあるのだと思います。不足しているから、受け取りたくて頑張っていました。

「私は満たされている」「足りている」と感じていられたら、頑張り過ぎなくても豊かな気持ちで過ごせていたはずです。

「手に入れた」と思ったものは、必ず失うことになって「足りなくなる」のです。

でも、もともと自分に備わっている愛のエネルギーだったり生命エネルギーだったり、宇宙のエネルギーといったものだけは、失うことがありません。

私も離婚で夫や家族を失ったし、トラブルでお金や仕事を失い、病気で健康を失いました。まるで、三次元の世界にあるものを全て手放すために「ゼロ」へと戻されたようです。こうして失ったものは皆、「与えられてありがたいもの」ではあったけれど、はじめから自分に備わっていたものではなかったのです。勝手に「私のもの」と思い込んでいただけのものでした。

「足りない」と感じて困った瞬間に、「足りない」という心配が育っていって、やがて「あれも、これも足りなくなっちゃうんじゃないかしら？」と思うようになります。でも本当は自分の気持ちの中で「充分に足りている」と思えれば、それでいいのです。

無理をして頑張りすぎることの根底には、「受け取るために与えなきゃ」とか、「足りないから何とかしなきゃ」という思い込みの気持ちがあるのかもしれません。

頑張っても頑張っても「まだ足りない」と感じて辛いときには、「常に、十分に足りているから大丈夫」と自分を安心させてみてください。肩の力が抜け、少なくとも「足りない」という今の不安からは解放されて、きっと何かが動き出すはずです。

出力が入力を決定する・与えることで満たされる

私たちがいつもいつも「不足」を数えてしまうのは、人類が進化の過程で、何百万年という長い時を「飢え」と戦ってきたからかもしれません。非常時に備えて「不足」に敏感であるようにと、人類のＤＮＡに叩き込まれてきた「不足」センサーが磨かれ続けてきたのでしょう。

でも、お金でも物でも愛情でも、「欠乏している」と考えると、いつも何かが欠乏している状態を経験してしまいます。思考は現実化するのです。それが不本意なことでも喜ばしいことでも、考え続ければ実現に向かっていきます。

同じように、すでに自分の人生が豊かであると認めて、今、「足りている」ことに気づくと、全てが満ち足りるという体験ができます。

「宇宙が、神様が、世界が、もの惜しみして自分には与えてくれない」と思っているとき、実は自分自身がもの惜しみして、宇宙にも、神様にも、世界にも何にも与えないでいることに、人はなかなか気づけません。私も「自分は非力だし、体調は悪いし、何も与えるものなんかない」と信じ込んでいました。

それでも、自分が「与えられたい！」と強く思うものを、自ら他人に与え始めてみたのです。

まず、ボランティアとしてヨガの会の運営に参加してみました。さらに大震災の被災地に対して支援できることを探し、できる範囲で協力しました。そして、仕事でも感謝でも愛情でも、賛辞でも御礼でも、何でも自分の欲するものを先に出すようにしてみたのです。

そうしたらなんて不思議！　しばらくすると毎日のように、私の所にハッピーが届き始めました。美味しいもの、嬉しいニュース、そして遠方からの友人の来訪！

私がガン治療でお世話になった医師の石原結實先生もおっしゃっていましたが、「出すことが先」という宇宙の法則は本当でした。呼吸だって、吐いてから吸うと書きますよね。そうやって「息をする」ことが「生きる」ことなのでしょう。

まさに、出力したことで入力されるものも決まります。

「誰かがもの惜しみをして与えてくれない」と思い込んでいるけれど、それは自分自身がすでに持っているものを出力しようとしていなかっただけのこと。もしくは、自分が持っていることさえ気づいていなかったのかもしれません。

「私は人に与えられるほどのものを何も持っていない」と思っていても、与え始めると不思議に与えられるようになります。どうしてもなければ、あるようにふるまえばいい。与えないものは、自分も受け取れないのです。

私たちの豊かさは経済力だけで決まるものではありません。与えられるものがあることで自分の豊かさに気づくことができますし、それは自ら感じ取るだけのことです。

私を豊かさで満たしてくれ、愛し尽くしてくれ、幸せにしてくれて、未来永劫にわたって安心で安全な暮らしを保証してくれる他人など、いくら待っても現れません。自分で自分の豊かさを感じ、幸せを感じ、安心を感じるしかないのです。

自分は豊かであると信じ、与えることを優先していれば、満たされていくというのも、宇宙の法則かもしれません。

自分をきちんと愛せたら、あなたを愛する人がきっと現れます。

私も自分を心から愛せるようになれたら、私を愛する人が現れるかもしれないと思うのですが、まだまだ難しく、今世での出会いは難航しそうです。

でも、「生まれ変わったら、十五で結婚して七人の子どもを産むわ！」と父に約束していますので、今は少しずつでも自分を愛せるようになりたいと思っているところです。

Column

吾唯足知　＆　少欲知足

吾唯足知（われただたることをしる）

京都の龍安寺では、これらの四文字が上下左右に配されたデザインの手水鉢（ちょうずばち）が有名ですが、これは禅の言葉です。ここで言う「足」は、満足の意味で、充分だということ。

若い頃にお茶のお稽古でこの言葉を習って、衝撃を受けたにも関わらず、すっかり忘れていました。

欲を慎み、与えられたものが十分であると知る大切さ。本当にその通りです。

少欲知足（よくをすくなくしてたることをしる）

こちらは、道元禅師が『正法眼蔵』の中で書かれた言葉ですが、もともとはブッダの最後の教えとして伝えられたものだそうです。

必要以上のものを欲しがり、欲望を満たすことだけに価値を求めず、心豊かな生き方をするように説かれた言葉です。

同じような状況であっても、人は反応に三つのタイプがあるそうです。

① 「多すぎる」と文句を言う人
② 「足りない」と不平を言う人
③ 「ちょうどいい」と笑顔になる人

「仕事が多い」「忙しい」と言うのが①のタイプで、「時間がない」「お金がない」と言うのが②のタイプ。そう考えると「ちょうどいい」って、本当に素敵な言葉です。

今の私は、「気力がない」「体力がない」とこぼしていますが、これが現状の私にはきっと「ちょうどいい」体力なのでしょうね。そうでなければ、また飛び回って病気を再発させてしまうかもしれませんもの。

今はゆっくりと人生を見直して、足ることを知り、感謝して過ごさなくては！

第5章

「執着心」を手放すレッスン

死ぬときは何も持っていけない！

「あなたはガンで余命三カ月です」なんて、人生でそうそう言われる台詞ではありません。私にとってはこう宣告されたことが大きな気づきのきっかけになりました。

あと三カ月しか生きられないかもしれないと思うと、死がものすごく身近になるし、そのためにも身辺整理は必要です。でも、あれこれ整理していくうちに、まったく当たり前なのですが、「死ぬときは何にも持って行けないんだ」ということに気がついたのです。どんなにお気に入りの服もバッグも、本も靴も、何一つ！

それじゃあ何なら持って行けるのだろう、と考えたときに、「魂のエレガンス」という発想が出てきました。

死後の向こうの世界に持って還ることができるのは、目に見えるものではなくて、見えないエネルギー体だけなのです。それを「魂」と呼ぶ人も「霊」と呼ぶ人もいるのでしょうが、とにかくここを磨いてきれいにして持って還るしかありません。

いくら物やお金をたくさん持っていても、素敵な恋人がいても優しい家族がいても、誰だってたった一人で生まれたときの姿で宇宙に還っていくしかありません。とても単純なことですが、自分の体さえ持って還れないのなら、エネルギーを磨くしかないでしょう。

私は病気をきっかけに、持ち物に執着していた自分を見直すことができたのです。そして導き出したものは、「人生はすべてが借り物である」という考え方でした。

そうすると、自分の体も仕事も天から借りているだけ、どんな家だって借りているだけなのです。家を買って「自分のものにした」と思っていても、これだって死んだら持って行けないのです。それは、毎月お家賃という形で払っているか、一度にまとめて払って買って住んでいるかの違いだけ。

例えば私が買った熱海のマンションは、相模湾が一望できて見晴らしはいいのですが、古くて広さも十分ではありません。でも、借りていると思えば余計な執着はなくなります。だから今は、古くてクラシックなリゾートホテルに滞在しているだけだ、と思うようにしました。

そうすると全部が借り物で、自分のものになるのは「いただきます」と体の中に入れる食事だけということになります。それだけが血となり肉となって、私たちの命を養うのです。

考えてみたら、宇宙は太陽のエネルギーもフリーですし、太陽から請求書がくることもありません。空気もフリーです。一応、水道を通していることでお金を払ったりもしますが、水だってもともとはフリーですよね。これらのフリーエネルギーで、私たちは全ての生活を養えるのです。

全てが借り物だと考えれば、無償で貸し出してくださる宇宙に全てを感謝して生きることができます。

貯金も借金も、全てのお金は借り物だと考える

お金というものが発明されるまでは、地球上の全てのものがフリーでした。

例えば食事なら、木の実が採れたりお野菜が採れたり、弓矢か石斧で動物を仕留めたりして食べていたわけですし、あるいは着る物なら動物の皮を使って作ったりして、お金が存在しなかった時代も私たちの祖先は何百万年も生かされてきたのです。

貨幣が使われるようになるまで、物々交換などで互いに必要なものを用立てて暮らしていたのが、お金という便利なものを使うようになってから人間の生活は大きく変化しました。いろいろなものと交換できるために、私たちはお金そのものに価値があるような錯覚をしてしまいますが、実は交換しているだけで、お金はその媒体にすぎません。そして、そのお金もまた、宇宙からの借り物なのです。

例えば自分のお財布に一万円があったとしても、宇宙から借りた一万円がたまたま

お財布に入っているだけで、自分のものではない。銀行に貯金があったとしても、自分のお金じゃない。

そう考えると、逆にそれが借入金だとしても辛くなりません。神様が「先にこれだけ貸しておくから使っていいよ」と言われて手元に来たお金ですから。

神様お墨付きの返済能力が、私たちにはあるのです。返済方法も、きっと宇宙が導いてくださいます。

プラスのお金もマイナスのお金も、どっちも借り物だという発想ができれば、貯めたお金に執着しなくていいし、借りたお金に悩まなくてもいいでしょう。


本当に、私のものは魂以外に何一つありません。それが納得できたら、執着心が全部なくなってしまいました。

これまでバイヤーという立場でいろいろな商品を買い付け、素敵な商品をたくさん買いこみ、欲張りで執着心の強かった私が「自分のものは一つもない」と納得したとたんに、それまでの執着が消えたのです。

神様は、あなたが必要なときに必要な分だけ、お金を用意してくださいます。

人生をレンタルしていると思うと、執着心にサヨナラできる

私は「ガンを治す」という目標を達成して、晴々とした人生になるはずだったのが、今度は「病気によって切れてしまった仕事や人間関係を、どうやって繫《つな》げばいいんだろう」ということばかり考えて、また悶々と悩んでしまっていました。

一回切れてしまった仕事や人間関係というのは運命の流れで、切れるべくして切れていたのに、そのことには気づかなかったのです。

療養にぴったりの温暖な温泉地・熱海に住むことになったのも、ケガの後にガンが見つかったことを考えれば、最適の環境が用意されていたことになります。

東京から離れたことで、それまで私の勤めていた企業の肩書きだけで付き合っていた人とは縁が切れて、ムラキテルミという個の私と向き合ってくださる方たちだけが残り、周囲の人の顔ぶれも変わるべくして変わりました。

そうなると、流れるものは流れるし、どうにもならないものはどうにもならないわけで、もはやそこには人智を超えた神様のスケジュールがあるとしか思えません。

その他にも、うまく行くだろうと思っていた仕事が有り得ないような問題が起きて頓挫したり、この人とはずっと仲よくやっていけるだろうと信頼していた人が豹変したり、思わぬアクシデントはいろいろ起こります。

変化が起きたときには「えっ？」とショックを受けることもありますが、「こうなるってことは、神様の計らいがあるのでしょう」と気持ちを切り替えれば、起きた出来事にも執着しないし、ざわざわと波立った自分の感情にも執着しなくてすみます。

神様のレンタル・ショップで「今日はこれとこれをお借りします」と言って借りてきたものが、自分の人生を創り上げているのだと思うと、とても楽ちんです。その中には品物や感情や、仕事や人間関係も含まれています。普通のレンタル・ショップと違うのは、神様が私たちの学びに必要なものを選んで貸してくださるということだけ。

また、人はこのレンタル・ショップで借りたものを使って人生を創り出し、夢を叶えていくのですが、ここで気をつけなければならないのは、「夢」と「執着」が、どちらも強い気持ちを抱く点で似ている部分があるということです。

ただ、「夢」は叶うことが決まっていますが、「執着」になると叶いません。

「これは私の夢だ」と思っていたのが、実は「自分自身の執着だった」ということも多いものです。

「夢」には、希望や愛や喜びが含まれているイメージがありますが、「執着」のほとんどは「我欲（エゴ）」という印象があります。

エゴはもし叶えられても、必ず失うようにできているのです。エゴは満たされたら、そこで終わり。完結してしまえば、それ以上の進展はありません。

ところが、夢の先には発展があり、必ず広がりがあるのです。

まずは、オールレンタル人生の考え方で「執着」を手放すレッスンです。

親子でも夫婦でも、全てはレンタルの絆だと考える

人間関係ということで言えば、自分の両親だって今回の人生で巡り会わされている

「借り物」と言えます。本人にしてみれば長いお付き合いでも、宇宙全体のスケジュールからすると、ほんの一瞬でしかない時間を一緒にすごしている人たちなのです。

父というエネルギーと母というエネルギーが、それぞれ肉体を借りて私というエネルギーを生み出し、私もまた肉体を借りて「子供」として貸し出されているわけです。

ここで「私の両親だから」という執着が取れると、父や母に対する見え方もすごく変わってきました。風通しがよくなると言うと変ですが、ほどよい距離感ができるのです。

それまでは「あぁ、もう！　なんでこうなんでしょう」とか「こんなときは、こうしてくれたらいいのに！」と、両親に対して感じていた小さな不満も、少し距離を置くと客観的に受け入れることができるようになりました。

このことは親子間だけでなく、夫婦間にも言えることかもしれません。それぞれに夫や妻というキャスティングの中で生活していても、「自分の夫」「自分の妻」という執着を外してみることです。「自分の○○」「誰々の○○」という縛りから解きほぐれます。

親子でも夫婦でも友だちでも恋人でも、今世、たまたま傍にいてくれるだけだと思えば、感謝の気持ちは増えても、執着心は減るはずです。周囲の人間関係も借りていると思えばいつかお返しするときがくるわけで、そのときに余計な執着心とサヨナラしていれば、よい状態のままお返しできると思うのです。

不安も借り物　ストレスになる感情はさっさと返却しましょう

「不安」も執着から起こるものですが、実はこれこそ借り物で、自分の人生に対する執着心から体験させられる感情でした。実際、「過去に対する不安」というのは存在しませんから、すべてはまだ目の前にない未来のことなのに、不安に感じて心配して疲れきってしまうのです。

アート・アドバイザーとして、海外の作品を日本に紹介するお仕事をされていた和子さんは、そんな「不安」を手放すための方法に気づいた一人でした。

絵画を扱う仕事は、さぞや優雅だろうと思いがちですが、何十枚もの絵画の梱包、展覧会会場での展示作業、そして重い荷物を持って日本中を飛び回るなど、実は重労働の連続です。

そのために体が疲れや痛みを感じると、鎮痛剤を服用したり、痛みを和らげる効果があるというチタンのチップを体中に百枚以上も貼って、過ごされていたそうです。

そんなある日、趣味で続けているジャズ・ボーカルの発表会の朝に、靴を履こうとした瞬間、パキッという大きな音と共に目の前が真っ白になり、全く全身が動かなくなってしまいました。「口から魂が抜け出たのかしら?」と思うほど、全ての機能が一度に停止したそうです。

医師には「仙骨のよじれ」と診断されますが、効果的な薬も手術方法もなく、それから三カ月は全身の激痛で動けないまま、寝たきりの日々でした。

アート・アドバイザーは、自分自身で動かなければ仕事になりません。海外のアーティストとの信頼関係をつなぐためにも、自らお客様との交渉にあたらなければいけないのです。ちょうどその頃、長い間担当していたアメリカの女性アーティストとの契約が終わり、「新しい仕事を展開させなければ」という一区切りのついた時期でもありました。

仕事に対する不安、健康への不安などが一気に押し寄せて、生きる気力を失いかけたとき、彼女を救ったのは「お花のエネルギー」だったのです。

それは和子さんが二十年も前から勉強を続けていた「バッチ・レメディ」という療法で、八十年以上前に、英国人医師のエドワード・バッチ博士が、野生の花を用いた治療法として開発したものでした。

野生の花の持つエネルギーによって、「まるで陽の光を浴びた雪が溶けるように病気が消える」のです。和子さんも、三十九種類のレメディを使い、治療方法のない難病を克服されました。

私たち人間はエネルギー体であり、植物はそのエネルギーを癒す力を持っています。この場合は、それがお花のエッセンスだったというわけです。

考えてみれば、私たちは植物を食べることで体を養うことができる上に、植物のエネルギーで心のバランスを取って癒されることもできるのです。

バッチ博士の著書『汝を癒せ』には、「病気とは、本来の自分にある高い次元の目標を見失ってしまう状態のこと」と書かれています。

「バッチ・レメディ」には、高次の自分の声に耳を傾け、人生の扉を開き、自分に必要な物を引き寄せる働きがあるそうです。

お花のエッセンスでヒーリングできるなんて、素敵！

和子さんは、不安が押し寄せ、次々とわき出てくるネガティブな感情におしつぶされそうだったときに、一つ一つの自分の感情と向き合い、この療法で心のバランスを取ることができたと言います。彼女にとっては、「バッチ・レメディ」が心のお掃除道具だったのでしょう。

体も回復した今は、アート・アドバイザーの仕事で無理をせず、「バッチ・レメディ」の効能を広く伝える仕事をしたいと、新しい夢に向かって動き出しておられます。

不安も借り物で、目の前にありもしないものを空想させられているだけなのに、いつまでもそこに執着していては本当に体を壊してしまいます。体も心も、気づかないうちに、不安や心配ごとのストレスで大きなダメージを受けますから、ずっと不安を借りたままにしておくことはありません。

　不安は感じたそばから、できるだけ速やかに返却することをお勧めします。大事にしまっていても、育つのはストレスだけです。

人生は毎朝レンタル、毎晩返却

　人生が借り物だとすると一生借りっぱなしということになりますが、私は朝に晩にレンタルを更新するという考え方で暮らすようにしています。そうすると、朝起きて「神様、今日もこの体を一日お借りします！」という感じで一日を始めるので、毎日がとても新鮮にスタートするようになりました。

　やってみると面白いですよ。実際はいつもの朝と同じで、目が覚めたら起きるだけなのですが、「お借りしまぁす！」と宣言して一日を始めたら、もうそこから全部が借り物なのです。

そして一日を過ごしたら、夜寝る前には神様に「今日も一日、この体をお借りして生きることができました。ありがとうございました」と感謝の言葉を添えて、レンタルした体をお返しするのです。


人が眠っているときに、宇宙のエネルギーは魂のメンテナンスをするのだそうです。よく、眠っている間に魂だけがあの世に戻っていくという言い方をしますが、ただ戻るだけではなくメンテナンスに出していると思えば、連絡の引き継ぎもできるような気がして、欲張りな私は感謝の言葉とともに「修理の希望」も出すようにしています。「ちょっと今日は腎臓が調子悪かったので」とか、「今日は目の下のシワが気になったので、ちょっと直しておいていただけたら嬉しいです」というふうに。でも、朝起きて点検しても「あら？　昨夜お願いしておいたのに、そんなにシワが薄くなってませんわね？」ということがほとんどですが……それでも懲りずに発注しています。

また、返却前に一日を振り返って、嫌な気持ちになることがあったとき、「なぜ嫌だったんだろう」と不愉快になった原因を明らかにしておくと、自分の心グセやシグナルにも気づきやすくなり、心のクリーニングもできるような気がしています。

こうして、目覚めるとレンタルを開始して寝る前に返却する、と考えて一日を過ごすようになったら、気持ちがすごく楽になりました。知らず知らずのうちに、一日単位で気持ちのリセットができるようになった気がします。

毎朝「新しい今日の私」をお借りして眠っている間に返却するのですから、返し忘れもありません。ずぼらでもウッカリさんでも大丈夫、というシステムが嬉しい！

ご一緒に「オール・レンタル」の暮らしを、今夜から始めてみてはいかがですか？

これで一気に、心のお掃除もはかどります。

Column

太陽の讃歌

神よ　造られたすべてのものによって　私はあなたを賛美します。
私達の兄弟、太陽によってあなたを賛美します。
太陽は光をもって私達を照らし、その輝きはあなたの姿を現します。
私達の姉妹、月と星によってあなたを賛美します。
月と星はあなたの気高さを受けています。
私達の兄弟、風によってあなたを賛美します。
風は命のあるものを支えます。
私達の姉妹、水によってあなたを賛美します。
水は私達を清め、力づけます。
私達の兄弟、火によってあなたを賛美します。
火は私達を暖め、よろこばせます。
私達の姉妹、母なる大地によってあなたを賛美します。
大地は草や木を育て、実らせます。

神よ　造られたすべてのものによって、
私は深くへりくだってあなたを賛美し、感謝します。
（聖フランチェスコの祈り　／部分）

体よりも心が潰れてしまっていたある日、鉢植えのミントが枯れかかっていることに気が付いて、「ごめんなさい！」とお水をあげたときのことです。

ふと「ミントはいいなぁ」と思いました。自分の居場所を迷うこともなく、お陽様とお水と土より他に欲しいものもなくて……と。そして、この太陽の讃歌と共に、同じく聖フランチェスコの言葉を思い出しました。

「野の花のように美しく咲きなさい、そして人々に愛を与えなさい」

この短い美しい言葉に全てが含まれていると感じました。
枯れかけていたミントも、今では薄紫色の花を咲かせてくれています。

第6章
「過去」と「未来」を捨てるレッスン

ポジティブもネガティブも手放して、心をフラットな状態に保つ

とにかく、何かに執着していると、それが心のおもりとなって動けなくなり、重たくて前に進めなくなります。

では、軽やかに歩き出そうと思えば、やはりポジティブに前向きに、プラス思考で心を軽くしていかなければいけないのか？　これまでの考え方ではそうなるでしょう。

しかし、それがポジティブかネガティブかという評価ではなく、まずはどちらにも偏らないニュートラルな気持ちに持っていくということが、とても大切なのではないかと私は思っています。心が、善悪とか正邪ではなく何の判断もしない本当にフラットな状態になると、ピカピカに磨き上げたダイヤモンドのように輝き出します。

そして自分の心が清らかであれば、その先の未来もデザインしやすくなるはずです。

マイナスになりがちな心を、プラスにしようとして奮い立たせる積極性はもちろん

必要です。でも、それだけではまだまだ本物の積極ではなく、相対的な積極にすぎません。本当に心が進化すると、「プラス・マイナスを超えた泰然自若の境地に至る」と、中村天風氏の言葉にもあります。

プラス＋マイナス＝ゼロの状態を体験しようとするとき、一番道をふさぐものは自分の感情です。人生を難しくしてしまったり夢を邪魔したり、新しく広がる道を歩きにくくしているのは自分自身の感情だったということが、よくあります。

私もずっと「新しい仕事をしたいけど、体力に自信がないし…」と、自分の感情で道を閉ざしていました。でも、そんなときに「今は体力のない体を借りているだけだから、焦らなくても大丈夫。もう少し良くなれば、それに見合った一日がやってくるはずだから、そのときにまた考えればいい」と思えたら、何でもないことだったのです。

良かった、悪かったという感情を手放してしまえば、心はニュートラルに戻れます。

今は幸い、心地よい暮らしが許されているということを思えば、一日が平和に暮らせるのです。

一日が平和に過ごせるようになったら、心配ごともぐんと減ってきます。実際に、重大な決断を迫られるようなことが毎日毎日起きる、という人は少ないのではないでしょうか？

私が好きで読んでいた自己啓発の本には「今日の一日が未来をつくる」なんていうフレーズがよく出てきましたが、そんなに立派な一日を送ることもできません。でも、本当に「今日寝るまでの時間を快適に送ろう」と思ったら、その日のことだけに心を配って、一日を精一杯生き切ればいいのです。

また、いくら考えてもその日に結果が出ないことを一生懸命心配したところで、気持ちがざわつくだけで解決もしないし、何より今日一日が快適に過ごせません。

そこは考えることをすっぱりやめてしまって、心をポジティブにもネガティブにも傾かないニュートラルな状態に保つほうが賢明です。

心の体内時計を「今」に合わせる

私たちを取り巻く時間には、イギリスのグリニッジ天文台の標準時で表される地球時間と、それぞれの体内宇宙にある心の時計の時間があって、その二つはいつでもぴったり一緒ではなく、かなりの時差があるものです。

心のほうの時計は、ほとんどが「今」と針の先が合っていません。

あるときは過去に針を合わせて「あぁ、あのときはあぁすればよかった！」「こうしていたら、こんなことにならなかったのに……」とクヨクヨ後悔を重ねていたり、または未来に針を進めて「どうすれば今より幸せになれるのかしら？」「こうなったら、どうしよう……」とハラハラしてオロオロして不安を育てていたり。

過去は自分が繰り返し再生させているだけで、そのできごとも感情も、「今」に存在しているわけではありません。そして未来も、頭の中の思考としてしか存在しないことです。なのに、体内時計はありもしない時間に針が振れていくので、私たちは心の時差に苦しんでしまいます。

それにしても、過去のクヨクヨと未来のハラハラは、なぜこれほど私の心の中を占領しているのかしら？

そう思って心の中を整理整頓しているとき、私は大きな古ダヌキを発見したのです。それは〝時間泥棒〟という名のクセ者でした。

時間泥棒は「過去のクヨクヨ」と「未来のハラハラ」が大好物で、そのクセ者のために私はせっせとご馳走をふるまっていたようなものです。いつも大好物を与えられて時間泥棒はブクブクと太り、私の心の中のスペースを占領していました。

この時間泥棒を追い出すためには大好物を与えるのをやめて、逆に「苦手なもの」をふるまってやれば居場所がなくなって出て行くはずだと考えました。そして、苦手なものを考えたら、時間泥棒が苦手で大嫌いなものは「今」という時間だったのです。

過去の後悔や未来の不安に時間を費やすことをやめて、「今」を感じることに集中し出したら、時間泥棒はみるみる痩せていき、心の中は静けさを取り戻しました。

でも、ちょっと油断をすると私たちはつい、「あのとき、こうしていれば」とか「こうなったらどうしよう」という思いにとらわれて、時間泥棒は簡単にリバウンドしてしまいます。そこで、地球時間と心の時間に時差が生まれてしまうのです。

そんな私たちが地球時間と心の時差をなくして、心のやすらぎや幸せの実感を得るには、どうすればいいのでしょうか？

一つには「今」という瞬間と仲良くすることです。

「今」という時間と一つになることが、「生命」と一つになることなのです。

私たちは過去には戻れないし、一足飛びに未来へ行くこともできません。そうなると、人生をチューニングできるのは「今」しかない。

「今」の積み重ねが未来になるのです。明日だって十年後だって「今」を積み重ねていくのだから、「今が大丈夫なら、未来も大丈夫」という気持ちで、「今」に集中していくしかないのです。今を味わって、今に感謝して過ごすことです。

こんな簡単なことが、それまで抱え込んでいたストレスから私を解放してくれて、安心感や心の静けさ、幸福感というものをもたらしてくれました。

心を「今」にチューニングすると、人生が動きだす

でも、毎瞬を「今に生きる」というのは、簡単なようで実はとても大変です。だって私たちの心の時計は、意識していないと常に過去か未来へ針が振れてしまいますから。

自分の心を意識して観察してみると、そのことがよくわかります。例えば朝起きて歯を磨きながら今日一日をあれこれ心配していたり、お掃除の途中で手に取ったものと一緒に過去へ引きずられてみたり、食事をしていても将来に不安を感じている自分に「あっ」と驚くことなんて、しょっちゅうです。

私の場合、心の時計を「今」にチューニングしやすくしてくれるのは瞑想でした。目を閉じて自分の呼吸に集中していると、「今」という時間を意識できます。その呼吸はゆっくりになればなるほど、心が静かになり、過去も未来も消え去ります。

とは言え、一日中瞑想をしているわけにもいかないので、日常生活の中では、自分がそのときにしていることに集中して「今を生きる」ようにしています。

食事のときは心からお料理を味わうこと、お風呂ではお湯に温められてほどけていく体の感覚を楽しむこと。花を愛でるとき、鳥の声を聞くとき、あざやかな景色を見るときは、その美しさと出会えたことに感謝する。また、お陽様の温かさやお月様の美しさを心にしみ込ませるときも、そのことに集中して味わうのです。

こういうことは毎日の生活で、本当に簡単にできます。自分の心を意識して観察することを習慣にすれば、ちょっとしたことでも「あっ、これは過去タイムに針が振れている」とか、「またまた未来タイムだわ」と気づけるようになります。

私は今まで、過去への後悔や自己憐憫の気持ち、未来への不安や心配にとらわれ続けて、そこから自分を解放することがとても難しかったのですが、やっと方法がみつかりました。それが、心の時計を「今」に合わせることだったのです。

自分では「今」に針を合わせているつもりでも、どこかで今の自分にみじめさや不幸のかけらを探して「かわいそうな私」というエネルギーに身を包み、周囲に心配をかけていくことで自己憐憫の思いを育てていました。ひと様からの同情を糧にして自己憐憫に浸っていては、今を生きることなどできません。

そのことに気づいたとき、どんなに自分が「今」から離れて、別の時間の中をさまよっていたかと思い知らされました。

心の時計の針が狂っていると人生も狂ってきますし、狂いが大きくなると人生が壊れてしまうこともあります。あるとき、調整が効かなくなって人生が止まってしまうのです。いろいろなことが止まって全てを失う体験をしてみて、私はそのことを痛感しています。

それだけに、今は毎日せっせと心の針を合わせ、きちんと「今」を生きられるようにネジを巻いている最中です。

是非「私の心の体内時計は、今どこに針があるかしら?」と、ちょっとだけ意識しながら過ごしてみてください。そして過去か未来に振れているようなら、その時差を調整するような気持ちで「今」に集中してみてください。あなたの心の時計が進んでいるか遅れているか、それは他の誰の目にも見えません。

実は、少しずつ少しずつ心の時計の針を「今」に合わせてチューニングできるようになると、時間に余裕ができるという嬉しい副産物もあります。与えられた時間は誰でも一日二十四時間ですが、今を生きることで、過去や未来に余計な時間が奪われずにすむのです。

時間＝人生ですから、人生にゆとりが出て豊かになる感じがあります。

そう考えると、いかに人生の貴重な生命エネルギーを過去のクヨクヨや未来のハラハラに浪費していたかが、わかります。過去や未来より「今を生きること」にエネルギーを使うほうが、ずっと心が軽やかで健康的です。

「こんなはずじゃない」ことは起こらない

「今を生きましょう」と言われても、今の自分の現実が辛い、苦しいというときに、「なぜ、こんなことになってしまったのだろう」と思わない人はいません。

でも、どんな現実も、全ては自分自身が過去に願った「結果」ですから、現実が望ましくない状況であっても、逆に心配はいらないのです。

要は、心の中でクヨクヨと考え続けるのをやめれば良いだけ。考えることをやめると、その瞬間に、その出来事は自分の中から消えていきます。

いつも思っている「思考」は、本人にそのつもりはなくても、宇宙が「願いごと」であると受け止めます。「不安だ」と思い続けていれば、さらに不安の材料が増えるような事態が起こりますし、不満ばかり数えていると、もっと不満な状況になります。

実は、「こんなはずじゃない」ことは起こらないのです。

私たちは、一日にだいたい六万以上の思考を持つそうです。六万もの思考を全てモニタリングしたり、チェックしたりするのは難しいけれど、せめて自分の口から発する言葉に気をつけるだけでも、心のクセを変えることができます。

確かに、辛いことが続いた頃の私は、人生に対して文句ばかり言っていました。今は、不平・不満・愚痴・悪口だけでも、自分の口から発しないように、私は自分自身を見張って暮らしています。例えば、朝、昼、晩の歯磨きタイムには「私の口から悪い言葉が飛び出しませんように」とおまじないの言葉をかけながら。

私の場合、ガンを免疫力と自然治癒力によって治す過程で、あらゆる排毒の症状が出ました。高熱が続いたり、嘔吐が止まらなかったり、アレルギー症状が出たり…。

でもそれは、その時点で私の身体の治癒力が「一番良い」と判断して起きていることだったのです。体の中も一つの「体内宇宙」ですから、自己治癒力に任せ切ったら、間違いはありません。

人生だって同じことです。どんなトラブルも事故も病気も、今の私の人生を治癒する過程で、最善のことが起こっていただけのこと。

過去に想像した未来は、やがて「今」となって姿を現します。そのときに、「こんなはずじゃなかった」ではなく、「最善のことが起こっているだけだ」と思えたら、全てを受け入れることができます。

間違った方向へ行こうとすると動かない

正しい方向を向いていれば動くべきときに動く。だとすれば、逆に間違った方向へはなかなかものごとは進みません。

うまく行かない所というのは、何とかしようとして無理にいじっても時間やお金や労力をどんどん浪費していくだけで、深みにはまってしまいます。でも、「これは違うのかもしれない」と思って手放すと、動くものはちゃんと来るのです。

自分の気持ちをオープンにして冷静になると、「これは動いているから大丈夫」というふうによく見えるのですが、何とかしようともがいているときには見えない、ということもあります。

本当に、理由がなくても動くものは動くし、動かないものは見事に止まってしまいます。

世の中がこういう道理で動いたり止まったりしているのだとわかれば、うまくいかない仕事を環境や人のせいにしなくてすみます。止まってしまったときは、「それはやらなくていい」と教えてもらっているようなものです。

中には賢明な第三者がいて「その人とは取引をしないほうがいいんじゃない？」と忠告してくれるかもしれませんが、ほとんどの場合はこちらの意志に関わらず、取引そのものができなくなってしまうのです。

そう思うと、世の中の仕組みというのはよくできていますね。

すべては用意されている

私が熱海の家を買ったときには、まさか東京のオフィスも家も引き払って完全に熱海に引っ越すなんてことは考えてもいませんでした。

もともとは、先にリタイヤして熱海に住んでいた両親が高齢になり、介護が必要になったときのためにと考えたのがきっかけでしたが、その両親の住んでいるマンションの三階が空き、父が珍しく「買っておいたらどうだ？」と勧めてくれた物件です。私にとっては、あくまでセカンド・ハウスの感覚でした。

ところが、結果的に病気を治すには申し分のない環境だったのです。温泉はあるし静かだし、何より両親がすぐそばにいる状態が大きな安心で、気がつけば、私にとって一番ふさわしい場所が用意されていたことになります。

何かのために何かを準備するというのではなく、いつのまにか準備ができていたという自然な流れが、一番ふさわしい道になるのかもしれません。

すべては用意されていたのです。自分で「何とかしよう」ともがいて、不安に押しつぶされそうになりながら、先の見えない苦しさを抱えて動けなくなっているとき、それは気づかないかもしれません。

でも、天の配剤を信じて「任せた！」と執着を手放したら、ゆっくりゆっくり流れを感じ取ることができるようになります。そうやって流れ始めたことは「こっちに流れていい」と教えられているようなものです。

私も、以前の暮らしに戻そうと必死になっていた気持ちを手放したら、流れを感じられるようになりました。毎日ゆっくり暮らすことも、子どもの頃の夢だった本を書く生活ができていることも、これで十分に幸せだと思えるのです。そうなると、闘病生活でエネルギーを使い果たしても、不安が消えて毎日がゆったりと流れていくようになりました。

成るべくして成った今、というものを味わって過ごせるのです。

そこには、「あれも失くした、これも失くした」という喪失感ではなく、「あれも用意されていた、これも与えられていた」という感謝と安心があります。

いくつになっても「今」を生きる幸せ

父のお友だちのご紹介で知り合った寛子さんが、京都から遊びに来てくださったときのことです。

たくさんのお土産の中に、表面がプップツしたオートミール色の石鹸がありました。使ってみてビックリ！　しっとり、もっちり、すべすべ……と、今まで体験したことのない洗い上がりなのです。

感激してお礼のお電話をしましたら、ご自身の手作りだとおっしゃるので二度ビックリ！　そう言えば寛子さん、漢方薬の化粧品メーカーの社長様でした。

この石鹸を作るきっかけとなったのは、ご主人の看病だったそうです。十六年間も毎日漢方薬を煎じる生活の中で、なぜか漢方薬を触る手が白くキレイな肌になることに気づいたのが始まりでした。

そこから四十八種類の生薬を独自にブレンドしたカクテルを生み出し、全く新しいオリジナルの化粧品ができあがったのです。そのとき、寛子さんは六十八歳！

その後は販売会社にも恵まれて、京都に何カ所もお店がオープンしました。製品は大手テレビショッピング会社の人気商品に育ち、忙しい七年間を過ごされました。

しかし、テレビショッピングの仕事は、あっさり二年でやめてしまわれます。

実は、テレビショッピング会社への書類手続きに時間がかかるために、寛子さんが自家抽出した生薬の申請書類が出る頃には新しい生薬の採れる時期を迎える、ということが続いていました。その時間差を調整するのに必要な書類作りに追われ、さらに途中で次々と変更される規約への対応に疲れてしまっていたのです。

人気商品で売れているのですから、市場にある漢方薬を使うチョイスもあったはずですが、寛子さんはオリジナル生薬を作っているときが何より幸せだったのです。

ところが、「何だか毎日が楽しくない自分」に気づきました。

「なぜ、楽しくないのかしら？」と考えたときに、あんなに好きだった生薬作りが、すっかり販売目的の課せられた仕事になってしまっていたのです。まさに「こんなはずじゃなかった！」という展開です。

そこで、販売会社に迷惑がかからないように配慮しながらも、今までの仕事のやり方はスッキリとやめてしまわれました。

今は、中国やネパールから輸入していた生薬を、「品質管理に目が届かないから」と国内産に切り替えて、高麗人参、葡萄、大豆、柚子など無農薬栽培を行っている生産者を見つけては、全国を元気に飛び回っておられます。

そして「時代に逆行する」ことを覚悟して、三年間、毎日かき混ぜて熟成させたオリジナル生薬だけを練り上げ、ついに開発されたのが、あのオートミール色の石鹸だったのです。

「コストも生産期間も売れることも気にせずに、自分が納得して満足できる石鹸を作れる今が、本当に幸せです！」とニコニコされています。

その素敵なオリジナル石鹸を愛用されている寛子さんは、全くその年齢には見えませんが、現在オン年七十六歳！　お顔はもちろん、首や手にもシワがなく、スベスベで真っ白なお肌です。

しかも、「私がこうして現役で仕事ができますのも、あと十年くらいでしょう？だから、人様に振り回されて仕事をするのはやめましたの。そんなの楽しくありませんもの」とおっしゃいます。八十六歳で現役！　なんて素敵な人生設計でしょう。

寛子さんの選択には「おそれいりました！」と頭を下げるほかありません。過去にこだわらず、未来を憂えることもない、大先輩のお見事な転身ぶりに、私も勇気と希望をいただきました。

この生薬石鹸とのご縁を機に、私がインターネット通販に新たに挑戦し、スタートすることのきっかけともなりました。

十年の時を経て、寛子さんの作られる生薬石鹸と歯みがき粉は大人気商品に育っています。

Column

呼吸　河野進牧師の言葉

天の父様
どのような不幸を吸っても
はくいきは感謝でありますように
一刻一刻が恵みの呼吸ですから

（河野進牧師の言葉）


瞑想のときにこの言葉をイメージとして持っておくと、心がすっと静かになります。

「祈り」というのは、「宇宙エネルギー」という最高レベルの周波数に近づくことのできるエネルギー振動なのだそうです。

「祈りが叶う」というのは、目に見えないエネルギー信号が、「私」と「宇宙」の間を行き来して、ピッタリ周波数の合った状態になることなのでしょう。

一番祈りが叶いやすく、奇跡が起きやすいのは、眠りに入る前の意識がウトウト・トロトロした状態で、この時間は「ゴールデン・タイム」と呼ばれています。

また、睡眠中は「人間の生命に自然の力が結合するとき」とも言われています。

それを聞いて以来、強欲な私は眠る前の時間が「大忙し！」になりました。

最低でも一日十分間の瞑想をして、気に入っているお祈りの言葉を片っ端から唱えているのです。

あなたも、一日の終わりに、お好きな祈りの言葉をぜひ！

第7章

心の「スペース」を広げるレッスン

すべて、最初は一つだった

もう二十年も前のお話ですが、アメリカで精神科医のブライアン・ワイス博士のヒプノ・セラピー（退行催眠療法）を受けたことがありました。ワイス博士は、全米でベストセラーになった『前世療法』などの著書で知られる方です。

セラピーの後も、いつも私は自分の過去世に退行したまま、ふわふわと浮遊しているような状態でした。

当時、習っていたヨガのレッスン中に、ふとセラピーのときのような状態になり、美しいビジョンが見えたことがあります。それは、真珠のような輝きを持つ光の世界で、足元から雲を通して光が差してくるような「天国」とおぼしき空間でした。

そこに「光の球」がずらりと並んでいます。どうやら、何かの順番待ちのようです。そして順番が来ると、その「天国の雲の上」から下に向かって、ポンッと球がダイブしています。ダイビングする瞬間に、まん丸の光の球はどれも二つに分離しました。下界へ降りて行くときには、二つに分かれて行くのです。

その姿を見たときに、「そうか。魂はこうして二つに分かれるんだ。じゃあ私も、もう一つの魂である、伴侶を探さなくちゃ！」と思いました。「どこかにソウル・メイトがいるはずだわ！」と、運命の人を捜し出すことに躍起になったものです。

でも、違っていました。

ただ、「最初は一つだった」という真理を学ぶためのビジョンだったのです。

それは、生まれる瞬間まで一つのエネルギーだったものが、「陰」と「陽」の側面に分離して降りて行く姿でした。もともと一つだったので、たとえば男性の中にも女性性があり、女性の中にも男性性が内在していると言えます。

錬金術師の話に、「神秘の結婚」というものがあるのをご存じでしょうか。

この場合の「結婚」は、二人の男女のことではなく、一人の人間の中にある二つの要素の結びつきのこと。これは、肉体が男であれ女であれ、人間は二つの要素から構成されているという考え方です。そしてその二つの要素とは、「頭」と「心」でした。理性や知性に象徴される「内なる男」（頭）と、情念や感情に象徴される「内なる女」（心）が、肉体の形を持ったものが人間だというのです。

そして男女の関係とは、実は「内なる男」と「内なる女」が調和を求めて、バランスを保つために生まれるのだそうです。でも、外側の他人にばかり不足を求めていたのでは、いつまでたっても「内なる二人」はアンバランスなまま。頭だけでは暴君となり、心だけでは混乱を招きます。

頭は考え、心は感じ、両者がバランスよく結びついて「結婚」できれば完璧なのでしょう。頭と心が自分の中で調和できれば、ゴージャスな「神秘の結婚」となります。

自分の中のアンバランスを埋めるため、必要以上に他人を求めることはありません。「頭」と「心」のバランスを整えるだけで、内なる男性と女性は結ばれます。さらに、自分の中にあるものは外側の世界に現れるので、現実の世界でもバランスの取れた理想的なパートナーと出会えるのです！

そのことに気づくと、人生のいろいろな問題が、パズル・ゲームのように次々と解決していきます。

私たちはプラスとマイナスでできている

私がガンの治療でお世話になった石原結實先生の対談記事に、興味深い内容をみつけました。

石原先生は、「零というのは何もないことではなく、プラスとマイナスでできている」とおっしゃいます。その、プラスとマイナスでできているのが電気であり、電気には陽極と陰極がある。零は、どちらも併せもった中庸であるというのです。

宇宙の法則は全部「電気」が基になっていて、私たちの細胞も全部「電気」で動いているから、心電図や脳波は全て身体の電気現象を見ているのだともおっしゃっていました。

と言うことは、何か心や体にトラブルがあるというのは、電気の流れが悪くなっているのですから、プラスとマイナスがバランスを取り戻せば、それが人生を創造するエネルギーになるということなのでしょう。このバランスを取り戻す作業が、身体の治療であり、精神のケアなのかもしれません。

プラスとマイナスのエネルギーが調和することで、電気が生まれて流れ出します。たとえば心の汚れを流し出してしまおうと思ったら、プラスだけでもマイナスだけでもダメで、どちらの感情も必要です。ポジティブだけでも、ネガティブだけでも、心のバランスは取れません。

一つの感情が大きくなってしまったときに、対になるもう一つの側面を組み合わせてセッティングすることでバランスが取れると、新しいエネルギーが生まれて心を洗い流してくれます。

それは、「憎しみ」には「愛」を、「罪」には「許し」を、と唱えた「聖フランチェスコの祈り」に表される相対的な感情です。その相対的な感情が融合したときに、もとの光の球となって天に還り、自分の心の中に新しいスペースを創るのです。

三次元の「相対」の世界を超えて、全てが「ゼロ」にリセットされると、外の出来事と自分との一体感が体験できるようになります。つまり、自分の内側と外側の世界がどんどん一致し始めるので、心の中が片付くと、実際に目の前の問題も片付くようになるわけです。

これは内側と外側が「相似形」になる状態で、宇宙のシステムでは、この「相似」の世界が拡がるようになっています。

「掃除を進めると、相似になる」まるで言葉遊びのようですが、こんなところにも宇宙の秘密は隠されているようです。

相対的に見えるものは、すべてセットになっている

私たちは何かを判断するとき、必ず自分を基準にして「比べる」ことを繰り返しています。「誰々より若い」「あの人よりも太っている」などなど。

私たちが住む三次元の世界は、すべて〝相対の世界〟なのです。

でも、単純に「明るい」ということ一つ取っても、「何より明るいのか？」によって判断は変わってきます。比較対象の「暗い」がなければ、「明るさ」は存在できません。暗闇を体験していないと、光の存在がわからないのと同じです。

「陰陽」もまた〝相対の世界〟ですが、これも比べる対象によって違ってきます。

例えば「食べ物」にも陰陽があり、ニンジンは大根より陽性で、ゴボウより陰性です。食べ物の中で一番陽性の強い「極陽性」が自然海塩、逆の「極陰性」が砂糖と言われていますが、実は砂糖も抗生物質に比べれば陽性なのです。


陰と陽も、闇と光も、全く別々の存在ではなく、実は全部「セット」であり、切り離すことはできません。

一見、対極にあるようなことが、実は「対（セット）」になっているとわかれば、マイナス感情やネガティブ思考も、それぞれにプラスやポジティブの側面を必ず持っているわけですから、ただ「悪いもの」と感じていた意識が変容します。

マイナスもプラスがないと存在できず、ネガティブがないとポジティブも存在できないという事実！

そう考えると、マイナスに感じていることも、必ず同じだけのプラスのエネルギーとセットになっているはずなのです。


この考え方ができるようになってから、私の心掃除はいっそう効率的になりました。

ある理不尽な仕打ちに対して怒りに燃えていたとき、無理やりにでも「私は許します！」「もう許しました！」と繰り返し唱えていたら、自分の「怒り」の大きさに気づいた途端、スーッと怒りが溶け出したのです。

それは、対極にある「許し」を学ぶために、これほどの「怒り」を体験させられていたのだと気づいた瞬間でした。

面白いことに、この方法は、目の前の怒りだけでなく過去の怒りに対しても有効でした。長い間、心の中でくすぶっていた怒りまでもが、すっかり消えてしまったのです。もう、そのことを思い出しても、嫌な気持ちにならない私がいました。

しかも、以前の私だったらきっと〝怒った〟であろうことが目の前で起こっても、〝怒らない私〟ができ上がっていました。心の中から〝怒り〟が綺麗にお掃除できてしまいました。

この考え方で心を掃除していくと、いろいろな気持ちが片付いていきます。

今は、不安があっても、「この大きな不安には、同じだけのサイズの安心がセットになっているはずだわ！」と思えるので、不安も見事に消すことができるようになりました。

何かマイナスの感情に捉われそうになっても、「対極にあるプラスとセットなんだ」と思うことで、バランスが取れるのです。それはまるで、対になった二つの感情が、プラスとマイナスで新しいエネルギーを生み出し、心の中に一つの光の球が完全形となって現れるようなイメージでした。

この世に降りてくる前の、もとの形に復元された光の球は、一つになるとキレイに消えて心の中にスペースを作ってくれます。これこそが、心のお掃除の仕上げだったのです。

コインの表と裏がなければコインの存在が成立しないように、表と裏もセットです。幸せと不幸もセットなら、愛と憎しみも、喜びと悲しみも、絶望と希望も、全て対になった感情はセットであり、二つがあることでプラスでもマイナスでもないグッドバランスの「ゼロ」になるのです。

このセットされた対極の感情は、マイナスの感情を洗い流して片付けるときに、とても有効な「お掃除道具」になります。

私の中のイメージでは、汚れ（マイナス感情）を浮かして溶かすクレンジングオイルのようなもので、一番多く含まれている原材料は、きっと「愛」なのです。

果てしない絶望の後の、限りない希望

スーザン・ボイルさんのシンデレラストーリーは、皆さんも御存じだと思います。

二〇〇九年に、イギリスの人気オーディション番組『ブリテンズ・ゴッド・タレント』の中で彼女の歌った〝夢やぶれて〟がYou Tubeにアップされたところ、世界中で三億回以上ものアクセスがあったという女性です。

コンテスト自体は準優勝という成績でしたが、その後、世界中でCDが発売され、当時四十八歳だったオバサン歌手のデビューは、大きな話題になりました。

彼女は幼い頃から小さな公営住宅の団地に住み、貧しさに喘いで暮らしていたそうです。軽い学習障害があったために学校ではイジメに遭い、決して明るい少女ではなかったといいます。

それでも彼女には美しい歌声がありました。歌手になるという夢を抱いて、数々のオーディションにも応募しましたが、失敗続きで認めてくれる人はいなかったのです。仕事のほうも、職業訓練などを受けましたが、なかなか職に就くことができず、挫折した彼女は、両親のもとで長い長い引きこもりのような生活を続けていました。

やがて父親が亡くなると、母親との二人暮らしが始まります。高齢だった母親の介護ということもありましたが、お母様の存在は彼女の心の支えでもあったのです。

ところが九十一歳で最愛の母が亡くなり、彼女はさらに絶望してしまいました。

もう、生きる目的を全て失ったような、果てしない絶望の淵に立たされたのです。

この深い絶望の中で、彼女はもう一度「歌手になる」という夢を思い出し、彼女の夢を応援してくれていたお母様のためにも、再度オーディションに応募することを決意します。それが、世界中の注目を集めるきっかけとなった、あの番組でした。


そして、あまりにも長い引きこもりの時間に熟成された絶望感の大きさは、計り知れない希望とセットであったことを、証明してみせたのです。絶望と希望は、見事に融合して一つに溶け合い、彼女の夢は地球サイズで実現しました。

オーディションのときに歌った『レ・ミゼラブル』の中の〝夢やぶれて〟は、夢に破れ続けた彼女にぴったりの、これ以上ない選曲です。

初めて彼女の歌声を聴いて、涙を流したという方も多いのではないでしょうか。私は、目の全体が涙腺になったみたいに、目頭からも目尻からも、涙が流れ落ちました。

彼女は、自分自身の絶望感を希望と融合させて、愛に昇華させ、光となって、絶望している人々を癒す力を持ったのかもしれません。

私も病気やケガで、四年ほど引きこもりに近い生活を送りました。数十年に及んだ彼女に比べれば、低いレベルの絶望感ではありましたが、それでも自分一人では背負いきれない苦しさだったのです。

絶望は希望と融合する。大きな絶望には大きな大きな希望が、大きな苦しみには大きな大きな喜びがセッティングされている。この苦しさの後には、間違いなく大きな喜びが待っている！

そう思えたときに、絶望が希望に変わったのです。

彼女の歌声が、人生が、そのことを体現して見せてくれたような気がします。

陰陽を調える一対の石　ボージーストーン

あるとき私は「グラウンディングストーン」というものの存在を知りましたが、これは、自分自身と大地を結びつける力を持ったパワーストーンなのだそうです。

私が手にしたのは、その中でも「ボージーストーン」と呼ばれるものでした。おもに、インディアンの聖地であるボージーで産出されるという、特殊な石です。その姿は、石というよりも、まるでビワの種のように見えました。

鎌倉の水晶専門店で、ショーケースの端っこにコロコロと二つ並んで置かれていたのです。キラキラと美しく輝いている他の石たちの中で、なぜか「みにくいアヒルの子」のような真っ黒い石に惹かれて、思わず手に取りました。

聞けば、この石は二つで一つのセットなんだそうです。よく見ると、大きい石と小さい石があって、それぞれが男性と女性の石になっています。

男性石は、小さなゴツゴツした石ですが、女性石のほうは、まん丸で艶々した大きな石です。この二つを、それぞれ左右の手で握りながら瞑想をすることで、肉体と精神の陰陽バランスを調整するのだと言われました。男性石が陽で、女性石が陰なのでしょう。

その話を聞いて、「陰陽バランスを調《とと》える石なんて素敵！」と、こういうことが大好きな私は、急に石がいとおしくなってすぐに買い求め、さっそく実験を始めました。

二つの石を両手に持っていると、やがて手の中で石の当たっている位置が熱く感じられるようになったのです。特に陽性の男性石を持った左手は、翌朝に手首が腱鞘炎並の痛さになりました。それでも、そのまま握って瞑想を続けていたら、そのたびに痛みが増し、とうとう痛みが左の肩にまで達するように……。

最初は「腕を寝違えたかしら？」なんて思ったりもしたのですが、瞑想のたびに痛みが拡大するのは、やっぱり石のせいとしか思えません。

けれども四日目には痛みも取れて、体が軽くなっていたのです。あら、不思議！

石は、宝石も貴石も地球の土のエッセンスであり、地球と同じ年月をかけて育まれたエネルギーの塊ですから、やはりパワフルな力を発揮するのだと思います。

また、宝石やパワーストーンのエネルギーに女性が強く惹かれるのは、石が本来、陽性のエネルギーを発するものだからかもしれません。

このグラウンディングストーンのように、人間も男性と女性は互いにエネルギーを与えあって、新しいエネルギーを生み出す関係ですものね。そうやって脈々と、子孫が繋がって、今日の私たちが存在します。

私も、肉体と精神の陰陽バランスが調《ととの》うことが楽しみで、今は毎日のように両手に一対のボージーストーンを握って瞑想を続けています。心のお掃除に役立つ瞑想が、さらに有意義な時間となりました。

人は土からつくられている

主なる神は、土（アダマ）の塵で人（アダム）を形づくり、その鼻に命の息を吹き入れられた。

（旧約聖書　創世記2-7）

旧約聖書では、神が土から最初の人間をつくり給うたという記述がありますが、日本神話でも「神様が土をこねて人をつくった」とあり、人間の一生にも「土から生まれ、土に還る」という表現をよく使います。

私が「人は土からつくられている」と納得できたのは、人が身体の中に海水を抱えていると聞いたときでした。

海という漢字は、「人にとって母なる水」と書きます。そして海水は、雨が長い年月を経て土に浸みこみ、その土のエキスが川に溶けて、海へ流れ出したものです。さらに、海水の中の塩という漢字は、「土が人の口に入って血となる」という意味です。土（大地）が育んだ穀物や野菜を食べて、私達は命をいただいていますが、お肉として食す牛や鳥も草や穀物で命を繋ぎ、魚も海によって生かされています。

本当に私たちの身体は土からつくられていました。

また、最近気づいたのですが、土という文字はプラスマイナスの記号にそっくり！
まさに、プラスとマイナスのグッドバランスで、中庸を表しているようです。

以前、母が体調を崩したとき、せっせとガーデニングに精を出して、健康を取り戻したことがありました。母は「お花に病気を治してもらったの」と言っていますが、お花のエネルギーをたくさん浴びたのはもちろん、土に触れていたことで、体内バランスを取り戻すことができたのかもしれません。

私達は、もっともっと土に触れることが必要なのでは、と感じる今日この頃です。

Column

「お彼岸」の話

「彼岸とは、死して三途の川を渡って行き着くところではありません。お彼岸は、年に二度、日の出と日の入りが真半分の日であり、陰陽中庸の日です。仏教とは、心の中からこだわりを捨て、〝怒らず、怖れず、悲しまず〟の心、〝陰陽中庸〟の心を調えて、人を彼岸へ渡す教えです。心を調えることは、死んでからではなく、肉体を持っている間にしかできません」

この言葉は、法事の席で臨済宗の和尚様から聞きました。祖母の二十三回忌と伯父の七回忌と叔父の十七回忌を兼ねた、九月の大きな法要で、お彼岸も近いことから、話してくださったものです。

この話を聞いて、私は「目からウロコ！」という思いで、本当にビックリしました。仏教も、まさに「心のお掃除」を説く教えだったのですね。

お彼岸と言えば、お墓参りや、おはぎが楽しみな季節のイベント、というイメージだったのですが、この日から私の中では「心の中庸」を確認する日になりました。

そこで、思い出したのが「般若心経」です。

お経の最後に〝羯諦《ぎゃてい》　羯諦《ぎゃてい》　波羅《はら》羯諦《ぎゃてい》　波羅《はら》僧《そ》羯諦《ぎゃてい》　菩提《ぼじ》薩婆訶《そわか》〟とありますが、この言葉はサンスクリット語の音を、聞こえたままに文字化したものだそうです。

言葉の意味を知るために、桑田二郎さんの『漫画般若心経』を読んだとき、ここは「往きて彼岸へ渡る者」と訳されていました。この本を読んだのは若い頃でしたが、私にはこの訳文が「何のこと?」と意味不明のままだったのです。

心のお掃除を進めていると、「陰陽中庸の心を調えれば、彼岸に渡れますよ」というメッセージであったことがわかりました。

仏教もキリスト教も、そして多分ほとんどの他の宗教も、教えの道は「心のお掃除」レッスンを説いていたのね、と納得できました。

※桑田二郎さんは『エイトマン』や『月光仮面』などで有名な人気少年漫画家から転身し、今は精神世界を題材にした漫画を執筆していらっしゃいます。

第8章

心がキレイに片付くと、運が開ける！

すべては高きから低きへ流れる

『ひふみ神示』という本があるのを、ご存じですか？

昭和十九年頃に、高級神霊からの言葉を岡本天明という人が自動書記で書きとめたというスピリチュアルな内容の本ですが、私はつい最近までその存在を知らずにいました。

ところが、いろいろな人に勧められたのでアマゾンで取り寄せ、読み始めたものの言葉がとっても難しくて、読み終えるのに一カ月近くかかったのです。書いてある内容は、私にとって聖書に通じるものにも思えました。

その中で、特に響いたのは「すべては高きから低きへ流れる」という言葉でした。

それは物理的な法則だけではなく、すべてのエネルギーは高い所から低い所へ流れることになっているというものです。

そこには、水が高きから低きへ流れるように、次元の高い神の世界から、私たちが生活している低次元の物質世界へと歓喜のエネルギーが流れてくると書いてあります。そして、このエネルギーを受け取るためには礼節を重んじて立場をわきまえ、人間が頭を低くして謙虚になる必要があると言います。ちょっとその部分を、ここに引用してみましょう。

第五巻　極めの巻　第十六帖
「頭さげて低うなって見なされよ、必ず高い所から流れてくるぞ。高くとまっているから流れて来んのぎゃ、神のめぐみは水のように淡々として低きに流れて来るぞ、自分が自分にだまされんように心してくだされよ、善悪をきめて苦しんで御座るぞ。世界の片端、浜辺からいよいよが起こって来たぞ、夜明け近づいたぞ。」

この部分を読んだのは大震災の後でしたが、このときテレビで見た被災者の方たちの姿がすぐにリンクしました。津波で家も船も車も流された女性が、「命があるだけで十分です」と感謝していた美しい姿。それは、これ以上ないほどの「低い」心がけでした。それこそ、浜辺からいよいよわき起こった津波によって、すべてを水に流されたのに、謙虚と言えばこれほど謙虚な姿はないと思います。

そのような、想像もできないような恐怖を体験した方の表情には、表の汚れがつるりとむけたような神々しささえ感じました。その低い姿勢と清らかな心に、日本全国のみならず海外からも、たくさんのお金や食べ物やさまざまな救援の手が集まってきたのだと思います。その通り、低きにエネルギーは流れていったのです。

日本の被災者の低い姿勢に、海外からもたくさんの感動の声があがりました。

私も香港の友人から「日本は暴動も起きないし、停電しても商店から物が盗まれない。皆がきちんと行列をしている。そんなこと有り得ない！」と驚かれました。韓国の友人は、一つのおにぎりを三人で分け合う被災者の姿に感動したそうです。

「だって韓国だったら、一人が食べて後の二人は食べられないのが当たり前よ。家族ならともかく、他人同士で分け合うなんて絶対に考えられない！」と言うのです。

そんな「思いやり」や「助けあい」といった日本人の当たり前の姿勢が、他の国にとっては驚くべきことだったのだと改めて再認識させられました。

日本人の精神性の美しさを見直す

私が子供の頃、一緒に住んでいた祖父母は、必ず食べ物を一回お仏壇にあげてから、それを下ろして食べていました。そうやって先に仏様に差し上げてから、「いただきます」と手を合わせて押し頂いていたわけです。

今では「いただきます」も形式だけのものになってしまいましたが、本当は何もかもお仏壇に上げてから、おろしたものを「いただきます」というのが、本来の形なのでしょう。祖父母の代ではどこの家庭も皆そうやっていて、それが当たり前のように脈々と受け継がれ、「いただきます」と連動していたように思います。

でも、今ではどうかすると、食べる前に「いただきます」の言葉さえない家庭も出てきました。

英語では食前の祈りはあるけれど、「いただきます」に相当する言葉はありません。

日本人独特の感性というか精神性ともいえる「いただきます」の心を、私たちはもう一度取り戻さなければいけないのかもしれません。

そう言えば、感謝の言葉はどこの国にもあるけれど、英語でも「お陰さま」や「よろしくお願いします」などという単語はありません。

それほど尊く美しい心がけを持った国民性だったことを思えば、この国で生まれた私たちは、もう一度そこに立ちかえってから、新しい一歩を踏み出すということを考えてよいのではないでしょうか。

人も物もお金も情報も、すべては低きに流れます。おごり高ぶることなく、自分の非力を認めて心の姿勢を低くすることができれば、すべてはきちんと流れ込んでくるのでしょう。これは被災した方に限らず、自分自身の小ささを認めて、できるフリをしたり見栄を張るのではなく、謙虚な低い姿勢でいることが大切だということです。

また、人間の根本には「人を助けたい」「人のために生きたい」というエネルギーが秘められている、ということを実感するできごともありました。

東日本大震災のとき、家族が気仙沼で被災した元スタッフの話をしたら、弘前・東京・岐阜・横浜と各地の友人知人が、お金や灯油やお米や、身の回りのものを届けてくださったのです。ほとんどが、そのスタッフとは面識のない方々なのに！

私は久しぶりに、「人って美しいなぁ」と感動しました。私たちの心も手も、美しい行いをするためだけに使うことができるのです。本当に、素敵な気づきでした。

そう思うと、今までの争いごとも「小さい小さい！」と笑い飛ばせるような「和」のパワーが強くなって、これからはきっと、今までより平和な日本になれそうです。

降りて行く生き方

友人が、「これからは、降りて行く生き方が求められるようになるね」と話してくれました。

最初は、「降りて行く？　どこに？」という感じで全くわからなかったのですが、よく聞いてみると、なるほどと納得しました。

私たちはこれまで上昇志向が望ましいものとして、上を向いて「上へ上へ！」と生きることが求められてきたのですが、「降りて行く生き方」というのは生活を小さくして、自然に負荷をかけるようなことをせず、余分なものを外して「下へ下へ！」と降りて行くことなのだそうです。そうすることで心も軽くなり、宇宙のリズムで暮らしていけるようになる。そんな生き方が、これからもっと求められると言うのです。

それは、皆がもっと地に足のついた自然に近い暮らしに降りてくることで本来の健康な生活を取り戻す、という考え方でした。今までは大地から離れて上に高く上がることばかり目指していたのが、下の低い所へ降りて行くのですから、これも「高きから低きへ」という考え方に通じるところがあります。

地球の大陸の縮図の地形をしている日本……日本が世界の縮図？

北海道がアメリカ、本州がユーラシア大陸、四国がオーストラリア、九州がアフリカ大陸です。見事ですね。

日本は、新しい時代の雛型として、世界に先駆け、全てを「ゼロ」に戻されているのだとも聞きました。

確かに、私たちは文化的な生活水準を向上させようとするあまりに、行きすぎて余計な価値観まで抱え込んでしまっています。そのために自然が操作されて本来の姿を歪められるのは、「地球人」として考えなくてはいけないことでは？

例えば、形のよい野菜や果物を生産するために、農薬や肥料をたくさん使う農業。またば、新しい種を買わせるために品種改良をする中で、収穫ができた翌年は実が生らないようにしたり、花が咲いた翌年は小さい花しか咲かない種を作ったり。

私たちは知らずにそういうお野菜を食べているかもしれないけれど、全部に化学の技術が入った農作物が本当にこれだけ必要なのか疑問に感じ、可能な限り地道に手間を惜しまずに、自然栽培農家さんの手がける食物を選んでいます。

私は、農薬も肥料も使わずに自然栽培でリンゴを育てることに成功した『奇跡のリンゴ』の著者・木村秋則さんとご縁があって親しくさせていただいています。

木村さんに「私は農業を仕事にする自信がない」と正直にお伝えしたときに、「いや〜、買ってくれる人がいないと私たち農家は、食っていけないからさ〜」とお答えくださいました。

私たちは消費者として、その活動を支援することが可能です。だって私たち消費者がマーケットバイヤーなのですから。

食を慎めば運は開ける

東日本大震災の後、物流の機能がマヒして商品が入荷しなくなったことから「買占め」の問題が起こりましたが、当時の新聞にこんな言葉がありました。

「奪い合えばなくなってしまう。与え合えば足りる。譲り合えば余る」

買占めに対する戒めとして書いてあったのですが、本当に簡潔で的確な言葉です。譲り合えば余るというのは、他を思いやるという意味と共に「自らを慎む」ことにも通じるのではないかと思います。

そこで、私なりに実践した「自らを慎んで健康になるためのヒント」をここに紹介させていただきます。その一番は、「食を慎む」ということでした。

江戸時代に観相学の大家として知られた水野南北は、「食を慎めば運は開ける」と説いています。食を少なくすれば、健康長寿のみならず、富裕になって立身出世をするというのです。

前にご紹介した『ひふみ神示』の中にも「食物は今の半分で足りる」とあり、余分なものはツキモノを養うために食べさせているだけだという記述があります。ですから、食を節制すればツキモノも改心していなくなり、運が開けて病も治るのだと書いてあるのです。

私も、一日一食の節食生活を続け、十三カ月目に肝臓のガンがキレイに消えました。ガンが治るという経験をしたことで、私は食を慎むことがとても有効な健康法であると確信しています。

そうすると、私たちが健康のためにできる一番簡単な方法は、食を慎むことだと言えます。そして、私たちが元気になって病院に行かず薬を使わないことが、実は一番の社会貢献でもあることに気づきました。

だって、日本人が健康になって病院に行かなくなったら、それだけで医療費という国のお金が余るのです。極端な話ですが、全員が病院に行かなければ、税収入の九割を占める三十六兆円というお金が浮くわけです。そうなれば、国債が九百兆円あるといっても、二十五年で完済できるのです。返せるめどが立つだけでも、すごいことだと思いませんか？

実際にそこまでのことは無理だとしても、三十六兆円の医療費が三分の一になれば十兆円以上のお金が浮きますし、それだけのお金が浮いたら復興のための財源として使えますよね。

食を慎めば病気も治り、運も開ける。さらに国のためになって、復興を助けることもできるのです。日本国民が元気になることが一番の社会貢献だとしたら、今の日本にとって、一人ひとりが食べ物を減らして健康でいることが、国全体の開運にもつながるのです。

譲り合いの話から、壮大な国家経済のお話になってしまいましたが、一人ひとりができることをやっていくと大きな幸せにつながるというのは本当です。そう考えると、ただ「ダイエットのために食べる量を減らさなきゃ」と我慢するよりも、何だかワクワクしてきませんか？

もちろん、食を慎めば健康になって開運もできる上にダイエットにも効果的です！「運」は誰かをめがけて集まってくるものではなく、常に宇宙を流れています。その「運」の流れを自分のほうへ向けようと思ったら、食を慎んで、我を慎んで、己の生き方の姿勢を低くすればよいのです。低きに流れるものをキャッチしようと思ったら、低い姿勢でいることが一番簡単な方法です。

また、アメリカでマクロビオティックの食養家として活躍されている九司道夫先生は、「食事は口から食物のエネルギーを直接受けるもの。単に血・肉・骨を作るだけではなく、身体のエネルギー波動にも強く影響を与える」とおっしゃいます。

つまり、滝に打たれたり山にこもって瞑想するより、本当は食事を改めることが、自らのエネルギーを整える一番の近道なのだそうです。

さらに美食や飽食を慎み、穀物や豆類を中心としたエネルギー波動のよい玄米菜食をすることで「十年続けると思いが叶い、二十年続けると夢が叶い、三十年続けることで、自らの想像を超えた世界が拡がる！」とか。

想像を超えた世界って、どんな世界なのかしら？　考えるだけでドキドキします。

運気の流れに乗るコツをつかむ

食を慎めば元気になるというのには、いくつかの理由があります。

まず一つ目の理由ですが、断食をしている間というのは胃と腸が空っぽになるので「空」の状態になるのだそうです。これが一日一食だと、二十三時間の断食をしているということになります。

禅の世界で言うところの「空」は宇宙のことですが、私達の体内も小宇宙と表現されますね。その体内の小宇宙と「空」という宇宙が同調すると、体に宇宙エネルギーが注がれるようになるので、人は元気になるのだという説があるのです。

また、一日三度の食事をすると、消化・吸収・排泄のために人は一日の消費カロリーの六十パーセント以上を使うそうですが、これを一日一食にすると、燃やしていた熱カロリーが体内に蓄えられてエネルギーを溜めることができると言います。つまり、「気」を溜めることで元気になれる、とも言われています。これが二つ目の理由。

さらに、一日一食もしくは二食を、神様に捧げる気持ちを持つこと。昔は、仏壇に供えたもののお下がりを家族で頂いていました。誰かに捧げる、という感覚を持つことです。

与えた物は返ってくるので、まずは与えるわけです。欲張りのように聞こえるかもしれませんが、「与えた物が巡りくる」というのは宇宙の仕組みなのですから。しかも「何万倍にもなって返ってくる！」と、私の好きな銭洗い弁天様の立て札にも書いてありました。

与えた物が返ってくるのであれば、食事を供えて節制することで、宇宙の流れにも簡単に乗ることができるはずです。

私は一日一食を節するよりも、ガン闘病中の習慣を続けて、一日一食にしています。そのせいか、体調がよくなってきていることは間違いありません。

それから、節食をすると体温が上がる、ということもポイントです。高体温は私たちのエネルギー波動を上げてくれます。私も節食するようになって、一度以上体温が上がりました。ガン発症時は三十四度台、以後もずっと三十五度台という低体温だったのですが、今では三十六度台をキープできるようになりました。

体温が上がると、単純に体が動きやすくなります。あとは、免疫力も上がりますし、行動力も出てきます。ぐっすり眠れるためか、睡眠時間もドンドン短くなりました。今までも十分に暇人をしていますのに、益々お金持ちならぬ「時間持ち」となり、時間にはセレブな暮らしぶりです。

朝の目覚めも違いますし、思考もポジティブになるようで、体が温かいとネガティブでドンヨリした思考にはなりません。ですから、体温力も開運力につながっているのだと実感しています。

そして、体内の小宇宙も天からの借り物だと思えば、ここを清らかに保っておくことで毎晩のメンテナンスもきちんと行われるはずです。

食を慎むことで体を「空」にする時間を作り、「気」を溜めることが、宇宙のエネルギーをしっかり受けて運気の流れに乗るコツなのかもしれません。

何より本当に健康でなければ、「運気上昇」「夢の実現」どころではありませんよね。

健康な心と体、そして空間は、リンクしています。

Column

「災難を逃るる妙法」 良寛和尚の言葉

地震は信に大変に候　野僧草庵は何事もなく
親るい中　死人もなく　めで度存候

うちつけにしなばしなずて　ながらへて
かゝるうきめを見るがはびしさ

しかし災難に逢う時節には　災難に逢ふがよく候
死ぬ時節には死ぬがよく候
是はこれ　災難をのがるゝ妙法にて

（良寛和尚の手紙より）

仕事もお金も健康もすべてを失くした上に人間関係までこじれるできごとがあり、これ以上ないほど落ち込んでいた頃、良寛和尚の言葉に助けられました。

この言葉が目にとまり、今は災難の時節なのだと承知して、後は天に任せることだと納得したものです。

「災難の時節だったら、災難に遭っていてもいいんだ」と思えたら、「どうしてこうも次々と、こんなことが起きるの？」ということばかり考えていたときには全く見えなかった周囲のことが、ぼんやりと見え始めました。

私の場合は災難の度合いが足りなかったから、次々とスピリチュアルの英才教育を受けていたのかもしれません。磨かなくてはいけない心の汚れや垢が取れていなかったり、外さなければいけないエゴや葛藤がこびりついていたり、そのために次々と災難が与えられていたのでしょう。

この手紙は、良寛和尚様が地震に遭った知人に宛てて書かれたものだそうですが、時を超えて現代の私達に送ってくださったメッセージにも思えます。

エピローグ

パーソナリティと魂を同調させる

魂ってそもそも何?

二〇一四年一月に、父が永眠しました。お昼寝をしたまま、旅立ちました。

同年一一月には、父の双子の弟(叔父)が、他界しています。お友だちと麻雀を楽しんで、着替えの途中に、イスに腰掛けたままです。

二人は、十分違いで、この世に生まれ、十カ月違いで、亡くなったのです。

二人の共通点は、「朝の人参りんごジュース生活」です。人参嫌いの叔父は、人参は少しだけの、ほぼりんごジュースを、毎朝、飲んでいました。

朝食を、自家製ジュースにすると、ピンピンコロリと、天に召されることができる……のでは? と、今になって、思います。自宅で亡くなるのが、珍しい日本です。

近くの内科医の先生が、「開業して四十年になりますが、自宅で息を引き取られた方の、死亡診断書を書いたのは、お父様が、初めて。叔父様は、お二人目です」と、話しておられました。

二人共、心臓が弱く、父はカテーテルが九本入っており、叔父は、バイパス手術を受けており、胸に大きな十字のキズがありました。

薬もたくさん処方されていて、病院と縁の切れない暮らしでした。それでも、自宅で、日常生活のリズムの中で、息を引き取ることができたのです。

父は、朝の人参りんごジュースを作り続けてくれました。私のガン闘病中は、三階の私の部屋まで届けてくれて、少しお喋りをして帰っていくのが習慣でした。

父の存在がなかったら、人参りんごジュースを、毎日飲み続け、ガンが消えることはなかったと思います。

階段も自力で昇れない状態だったので、八百屋さんへのお買い物も、ままならない。たとえ、八百屋さんの配達を利用したとしても、ジューサーで自分のジュースを作り続けることができたとは、思えません。

父に、生命を救われました。思い出すだけで、目頭が熱くなります。パパ、ありがとう……。

父が亡くなってから、私の生活は、一変しました。母との暮らしが、スタートしたのです。

叔父が亡くなってから、私のプライベートな時間は消えました。子どものいない叔母とも暮らすことにしたからです。

二人の身辺整理で、六トンのモノを処分しています。

二人共、あなたに任せるわ〜と、他人事です。泣きたい日々が続きました。父と叔父に、文句タラタラです。

母も叔母も、二人して、銀行通帳の仕舞い場所すら知らないのですから。

父に文句を申し立てても、父の体は火葬され、骨と化しています。どこかに存在するであろう、父の魂を探していました。気配がしないかと、目をこらせば見えるのかと。

ふと、そもそも〝魂〟って何？？　という疑問に、ブチ当たったのです。

肉体から離れた父の魂は、エネルギー体として存在するのでしょうか？

「愛は、魂からやってくる」？

書棚の『魂との対話』ゲーリー・スーカフ著を、手に取ったのは、その頃です。ポストイットだらけの本ですから、何回か読んだ痕跡はあります。

本を読みながら、感動したページには、ピンク色のポストイットを、よくわからない個所には、グリーンのポストイットを貼る習慣があります。

『魂との対話』は、グリーンのポストイットだらけで、広がっていました。

〝魂〟のことを知りたい！　と動機を持って読み返すと、心に響くものです。以来、何回、読み返したことか……。今では、ハードカバーの表紙がハズれてしまっています。


危険を承知で、この一冊を要訳するならば、

＊宇宙は、生きている。そして進化し続けている。
＊私たちの魂は、宇宙の一部であり、繋がっている。
＊宇宙は、愛に満ちている。
＊魂も、進化し続けている。
＊私たちの魂は、愛に向かって、進化している。
＊私たちの肉体を含むパーソナリティーは、魂の本来のエネルギーと、ズレている。
＊私たちが、この地球上で手にする体験のすべてが、自分のパーソナリティーと、
　自分の魂との「同調」を促すものである。

今の私のレベルでの、理解です。

いかに、パーソナリティーを、進化させるのか？
＊この世に存在する、いかなる形の生命をも愛すること。
＊自分が出会う、いかなる人間をも裁かないこと。
＊どんなに小さな生命、あるいは物事のなかにも意義と目的を見いだすこと。

この簡単そうで、とてつもなく高いハードルを越えることで、パーソナリティーと魂を「同調」させることが可能である。と説かれています。宇宙に「御心のままに」と言えるように。

そして、そして、「愛は、魂からやってくる！」と、断言されているのです。なぜならば、宇宙は、純粋な愛のエネルギーで満たされていて、私たち、おのおのの魂は、宇宙の一部だからです。

ファンタジーだとしても、美しい物語です。

著者のゲーリー・スーカフ氏は、ハーバード大学卒業の量子物理学者です。ある時期から宇宙が彼に語りかけてくるようになり、地球上で初となる「魂の物理学」が、情熱の対象となっています。

『魂との対話』を読み込んでみて、いつしか私の中で「魂」「愛」「宇宙」「神」「光」が同義語、同列の言葉になりました。

宇宙が語りかけてきた美しい物語に魅せられ、私の関心は、パーソナリティーと魂を「同調」させることに移りました。

「同調」させる→チューニングする→波長を合わせる……「波動」。

……キーワードが「波動」だなぁ～と、「波動」を追いかけることになりました。

「波動」って、馴染みのある言葉ではありますが、知っているようで、よくわからない。

このときも、書棚に並ぶ一冊の本に手が伸びました。足立育朗著の『波動の法則』。ずいぶんと古びています。本を手に取ると、二五年以上前にタイムワープするようでした。

「波動」の法則

三十歳になる頃、穂高養生園に足繁く通っていました。きっかけは、芹沢光治良さんの文学愛好会で知り合った、湯川れい子さんのご紹介です。

早朝、穂高の山を散歩して、ヨガをして、一日二食の玄米菜食をいただいて、薬湯につかる。さらに川で泳いだり、人生初の田植えも体験しました。都会で育ち、田舎のない私にとって、濃すぎる自然との関係が、どれもこれも新鮮でした。

穂高養生園で、不思議な絵を描かれる、足立幸子さんと出会いました。お兄様の足立育朗さんが「波動」の研究家で、素晴らしい発見をなされ、「波動の法則」の勉強会を開いているから、参加なさっては？　とお誘いいただきました。当時「波動」には、全く興味がなかったのです。横尾忠則さんもご出席と聞き、八ヶ岳のセミナーに参加してみました。

勉強会の内容は、ちんぷんかんぷんで、私の理解能力をはるかに越えており、ただ座っているだけ、いや居眠りしているだけでした。なのに、通い続けたのは、八ヶ岳の星空が、あまりにも美しくて……それでも通っていれば何かしら学べます。

「この世に存在するモノ、全てが『波動』を持っていて、波動数の違いだけで、形成のされ方が違うこと」私とペットの犬とも波動数の違いがあるだけ？　本当ですか？が、正直な気持ちでしたが、波動の元の元の元を極めると、原子・原子核・電子・中性子・陽子……と、おのおの働きがあるということで、それぞれの周期形や、回転スピードの模型を作ったりもしました。

でき上がった模型も、平面図も、美しくて、これが、宇宙の成り立ちの根源！　と、感動だけは、参加者の方々と、共感できました。

通い続けて、よかった～と、思えることが、人間の「意識」は、中性子と同じ動きと振動数を持っているということです。

「あらゆる物質の元となっているもの、それが、原子核。その中に、中性子と陽子がある。その中性子が「意識」であるということは、どんなものも全部が、「意識」で構成されている!!　目に見えない空気も、「意識」を持っている」というのです。

それでは陽子は？　というと、陽子は「意志」を持っている！　中性子が「意識」で陽子は「意志」。

陽子は「意志」であると同時に、自然の法則の「愛」という構成。

中性子の方は「意識」があって感情の役割があり、常に「調和」を、とり続けている。

●陽子＝意志＝愛
●中性子＝意識＝調和

基本的に、原子核は、中性子と陽子が、結びついて、でき上がっています。

極論ですが、「愛」と「調和」が、全ての存在物の素になっている。これは、地球上でいう全ての存在物です。

「愛」と「調和」が、私たちの身体の素。シビレました。感電したかのように感動したことを、記憶しています。

「愛」と「調和」に向かって、波動をチューニングし直せば、純粋な「魂」のエネルギーとなり、パーソナリティーと「魂」を「同調」させることが叶いそうです。

以来、「波動」という言葉に敏感になり、「高波動」と聞くや飛びついて、様々色々と、試しています。

神様って、スゴイ!

　事の発端は、一昨年の春、熱海から京都へ引っ越して、半年頃のことです。親しくさせていただいている、宮古島の神女・マキコさんからの一本の電話です。マキコさんは産休中でしたので、久しぶりの電話でした。

「お引っ越しした？　夕べ、富士山の神様が来て、京都の神様方から、テルミさんが引っ越しの挨拶に来てるけど、聞いとらん！　って……。富士山の神様とか、熱海の神様に、引っ越しの挨拶をした？」

「はぁ？　していないです……」

「ご挨拶した方がいいね〜。お世話になりましたって。京都の神様に、お繋ぎのお願いもしないとね〜」

　作法・日取りなど、アドバイスをいただいて、すぐに、お参りに出かけました。

　会社に神棚をお祀りして六年。新年に御札を取り替えて、を儀礼的にしているだけでした。富士山の浅間大社さん、熱海の来宮神社さん、そして天照大神様の御札です。京都に引っ越して、古い御札はそのままにして、京都の神社に、勝手に、お参りして、御札を足していたのです。

富士山・熱海と、お礼と引っ越しのご挨拶をすませ、京都の神社三社へ、引っ越しの報告をして、自宅に御札をお祀りする日、その朝のことです。

神棚にお供え物をして、御札をお祀りして、神女さまが、遠隔で、神扉を開いてくださると聞き、神棚の前で手を合わせていたら、電話が鳴りました。神女さまからです。

「赤飯、悪ないな〜って、神様が言ってるけど、お赤飯、供えてる？」

ドキッと、しました。お供え物リスト外でしたが、お目出たいからと、勝手に、お赤飯を追加していたのです。

「ごめんなさい。お赤飯、下げます〜」

「いいんじゃない？　悪ないな〜って、喜んでるみたいよ」

他愛ない会話と思われるかもしれませんが、心底、驚きました。驚いたと同時に、神様を身近に感じる体験となったのです。

神様って、お赤飯、お好きなんだ〜と。

家には、お仏壇がないので、神棚に、頂き物やお菓子を、欠かさずにお供えする習慣が、スタートしました。

そして、朝と晩に、神棚に向かう習慣も、身につきました。


昨年の秋から、引っ越し先を探していました。京都に移ってきてから住んでいたマンションの規約上、犬二匹それも中型犬一匹が、違反なのです。

この機会に、自宅と会社を、一緒にしたいと、物件を探していたのです。欲深いことに、気学上でよい方角でありたい、と条件は難しくなるばかり。三カ月間、徒労に終わっていました。

ここでまた、神女様の登場です。

「引っ越し先探し、神様と一緒に探したら？　神様たちの方が、探すの上手だと思うよ〜」

へぇ～？　神様と一緒に？　不動産探し？　「神様と一緒に!!　不動産を探す！」

めちゃくちゃ気に入りました。

「どうやったら、神様に一緒に不動産を探してもらうことができるのでしょう？」

お答えには、気が抜けました。

「神社に行って、一緒に探してください、ってお願いすればいいだけよ」

神社へのお参りが、通り一遍から、気合いが入りだしたのは、このときからです。

神様って、スゴイ！

ものの、一週間で、候補の物件が見つかりました。市役所で、申請が必要なことは、仲介業者さんが、丁寧に、一カ月をかけて、解決してくださいました。

自宅から先に引っ越すこととなり、リフォームも、神懸り的なスピードで終わったのです。だって、〝神懸り〟ですから。

引っ越し先は、理由《わけ》もなく大好きな上賀茂神社の参道に建つ一軒家です。このお家の前を、毎日犬の散歩で歩いていました。

己れの人生を、明け渡す

京都で、これ以上はない眺望で、鴨川越しに、正面が比叡山、東に、大文字東山、北に、北山に連なって鞍馬《くらま》山が見えるのです。

朝日は、大文字東山の肩越しに昇ります。木造住宅ですから、寒いは寒いのですが、ペレットストーブ設置で解決です。

バタバタと引っ越しから片付けを終えてみると、会社まで、バスで一〇分。徒歩時間を入れても二〇分。叔母の介護施設まで、地下鉄で四駅。ドアツードアで、三〇分。犬の散歩は、目の前が、賀茂川遊歩道です。バス通りがなければ、ドアから犬たちを放して、勝手に散歩に行かせたい環境です。

自分の実力を越えた、恵まれすぎた物件です。木造の一戸建てはイヤ、マンションか、ビルがいい、と探していたことを、神様に謝りたい。陽当りのよい家がこんなに快適だなんて。

この引っ越し先の物件探しで、コツを掴んだと申しましょうか。自分で考え、動き回るのは、ムダだ！　ということが、よく理解できたのです。

あんなに、ネットで不動産検索して、問い合わせをして、もう、どこの業者さんが、どの物件の内見希望のことを話しているのか、わからないぐらい探していました。

神様に、「一緒に引っ越し先の不動産を探してください」とお願いをした一週間後に、別の物件を内見に行く道すがら、「あらっ？　このお家、空家になったんだ〜」と、目について、仲介業者さんに、家主さんにコンタクトを取ってもらい、トントンと、話が進んでいったのです。


私は「神様と一緒に！」というフレーズが、気に入っています。

神様って、スゴイ！　畏敬の念って、こういうことか。畏《おそ》れ入るって、こういうこと。

「神」と「宇宙」、「魂」「愛」「光」が、私の中で、ほぼ、同義語です。

人生を「神」に委ねる。

人生を「宇宙」の流れに、任せる。

「魂」の声に従う生き方を。

「愛」に基づく生き方を。

「光」に向かって生きる。

今まで、読んで聴いてを繰り返しながらも、我が強くて、どうしたらよいのか、わからなかったのです。

「神様と一緒に！」は、今の私にとって、ちょうどよい指針となりました。

私の知識や経験とは、比べようもないデータバンク、人材バンクを、神様は、お持ちです。何をするにも、決めるにも、どこへ行くにも「神様と一緒に！」です。

このことが、どれだけのパワーを持っているのか？　は、計測不可能ですが、心強さといったら、百人力どころか、怖いものなし。

きっと大丈夫。神様が、よき采配をなさるから、と、安心感に包まれます。

自分の好き嫌いにこだわらず、頭の中を絶えず駆け巡るエゴの力に負けず、自分を空っぽにして、無心になって、全ての事の流れを、神様に明け渡す感覚です。無心であれば、ブレようがありません。「無」なのですから。何の影響も受けません。眼の前に与えられた仕事、人、私の場合は犬たちは、神様からのキャスティングです。

流れゆく人生は、神様が、私に与えたもう、最も美しい物語となります。神様ってスゴイ！　と、畏敬の念を持ててから、朝晩のお祈りも、姿勢を正し、手だけでなく、神様と心を合わせたいと、願う時間となりました。

幼な友だちが難病闘病中で、時間を合わせて一緒にお祈りしています。「祈り」とは、神様とのチューニング、波動調整だったのです。ガン闘病中、そして社会復帰までの三年間、苦しくて、苦しくて、祈ってばかりいました。

一番熱心に祈っていた「聖フランチェスコの祈り」の冒頭が、

「神よ、私をあなたの平和の道具として、お使い下さい」

一〇年、祈り続けて、やっと、この一行に、畏敬の念を抱けるようになりました。

私は、一〇年以上、アリスという天使と一緒に暮らしています。守護天使です。話しかけますし、あれこれと、相談しています。絶対的な存在感もあります。

その上、神様と一緒に暮らせるだなんて！

神様は、はるか遠く手の届かない天上の存在ではなく、私たちのごく身近におられました。

私は、残念ながら、神様の声を聞けるレベルには至っていませんが、証しを読み取ることはできます。

神様方にも得意分野が、色々とおありです。どんなときでも、どんなことでも、「あっ！　それの担当、わたし！」という感覚で、導いてくださいます。

いつも頭の中が、オーバーヒートして、あ～でもない、こ～でもない、と、騒がしかったのが、シ～ンとしています。

この行き着く先に「光」の世界がある

誰よりも頑張って、我慢も努力もしてきたつもりなのに、自分の人生が、思い通りになんてなりませんでした。

まだ数カ月ですが、別次元に放り出されたような、大変化です。

判断は、神様に明け渡したのですから、自分の好き嫌いで、ジャッジをしない。人もコトも、モノもです。

好き嫌いを、手放せば手放すほど、世界がどんどん広くなりました。

常に、何かをジャッジするのに、どれだけ自分が振り回されていたことか！

好き嫌い、善悪、損得……自分で判断しなくてよいと、気づけたら、人生、ヒマになりました。時間が、ゆっくりと流れ始めたのです。

この行き着く先に「光」の世界が、きっとある。その世界にふさわしいように、「愛」と「調和」のエネルギー体である「魂」と同調したパーソナリティーが、磨かれていくのだと思えます。

やっと、スタートラインに立てました。

宇宙のスケールでは、一瞬でも、私の人生の三〇年近く続けていた「スピリチュアル・ジャーニー・自分探し」の旅の途上で、やっと一つの島に泳ぎ着いて、ひと休みして、陽なたぼっこを二匹の犬としている気分です。

いまだかつて、味わったことのない、内なる平和な時間の流れ方です。

今まで、誰と一緒でも淋しくて、心細かったのに、淋しくないのです。

だって、神様たちが、一緒です。

だって、神様たちに、愛されています。

きっと、父の魂とも、いつも一緒です。

……とても、幸せです。

抗えない大いなる見えない力に、
生かされている……

私たちは、生きているのではなく、

生かされている！　と気づくこと。
これが〝幸せなんだなぁ〜〟
幸せ不感症と不幸中毒症を、長患いしていました。
幸せは、外から与えられるものではなく、自分で、気づくだけでした。

本書は平成二三年一一月に弊社で
出版した書籍を改題改訂したものです。

自分のまわりにいいことが起こりだす！
心の掃除力

著　者　　ムラキ テルミ
発行者　　真船美保子
発行所　　KK ロングセラーズ
　　　　　東京都新宿区高田馬場 2-1-2　〒 169-0075
　　　　　電話（03）3204-5161（代）　振替　00120-7-145737
　　　　　http://www.kklong.co.jp

印　刷　　大日本印刷（株）
製　本　　（株）難波製本

落丁・乱丁はお取り替えいたします。※定価と発行日はカバーに表示してあります。

ISBN978-4-8454-2436-8　　Printed In Japan 2019